DE L'OBÉISSANCE PASSIVE

DU MÊME AUTEUR

HUME, *Abrégé du traité de la nature humaine*, texte original avec présentation, traduction et notes-commentaires, Paris, Aubier-Montaigne, coll. bilingue, 1971 (épuisé).

HUME, *Lettre à un ami (1745)*, texte original avec présentation, traduction, et notes, Annales Littéraires de l'Université de Besançon, Paris, Les Belles Lettres, 1977.

BACON, *Récusation des doctrines philosophiques (et autres opuscules)*, texte latin avec introduction, traduction (en collaboration avec G. Rombi) et notes, Paris, PUF, coll. "Épiméthée", 1987.

A. SMITH, *Essais esthétiques*, trad. collective précédée d'un essai introductif : "A. Smith et la difficulté surmontée.", Paris, Vrin, 1997.

Les cyniques grecs. Lettres de Diogène et Cratès (trad. de D. Deleule et G. Rombi), accompagné d'une "Lecture" (*La besace et le bâton*) de D. Deleule, Arles, Actes Sud, coll. "Babel", 1998.

HUME, *Enquête sur l'entendement humain*, trad. revue et corrigée avec présentation, dossier et commentaires, Le Livre de Poche, LGF, ("Classiques de la philosophie"), 1999.

La psychologie, mythe scientifique, Paris, éd. Robert Laffont, coll. "Libertés", n°81, 1969 (épuisé) – trad. italienne, Franco Angeli éd., Milan, 1971 (2e éd. 1975) ; trad. espagnole, Editorial Anagrama, Barcelone, 1972.

Le corps productif (en collaboration avec F. Guery), Paris, Mame, coll. "Repères", n°1, 1972 (épuisé) – trad. anglaise de la 2e partie : D. Deleule, "vivant-machine et machine vivante", sous le titre "The Living Machine: Psychology as Organology" in Incorporations, New York, Zone Press, M. I. T., 1992 (2e éd., 1995).

Hume et la naissance du libéralisme économique, Paris, Aubier, coll. "Analyse et Raisons", 1979 – trad. italienne, ed. de l'Instituto della Enciclopedia italiana, Rome, 1986.

BIBLIOTHÈQUE DES TEXTES PHILOSOPHIQUES

Fondateur : Henri GOUHIER   Directeur : Jean-François COURTINE

George **BERKELEY**

DE
L'OBÉISSANCE PASSIVE

Présentation, traduction, notes
par
Didier DELEULE

Seconde édition revue et corrigée

PARIS

LIBRAIRIE PHILOSOPHIQUE J. VRIN
6, Place de la Sorbonne, V^e
2002

© *Librairie Philosophique J. VRIN,* 1983, 2002
ISBN 2-7116-0809-3

Imprimé en France

PRÉSENTATION

Dans un Essai politique de 1741, Hume défère la responsabilité de la doctrine de l'obéissance passive – considérée comme absurde et contraire aux libertés – aux « déclamateurs de chaire »[1]; ce que confirme un passage de l'*Histoire d'Angleterre* consacré au règne d'Élisabeth : « les homélies composées pour l'usage du clergé, et que les ecclésiastiques avaient ordre de lire publiquement tous les dimanches, recommandaient une obéissance passive pour le prince, obéissance aveugle, sans restriction, et de laquelle aucun motif, aucun prétexte, ne permettaient de s'écarter, si légèrement que ce pût être »[2]. Il est vrai que les

---

1. *Of the Parties of Great Britain, in* Hume, *The Philosophical Works,* ed. by T.H. Green et T.H. Grose, reprint of the new edition, London 1882, Darmstadt, Scientia Verlag Aalen, 1964, t. 3, p. 142. Cf. également *Of Passive Obedience, ibid.*, p. 461 *sqq.*; *Treatise of Human Nature, Works,* t. 2, p. 316 (trad. Leroy, Paris, Aubier, 1946, t. 2, p. 675).

2. Hume, *Histoire d'Angleterre,* nouvelle éd. revue et corrigée par M. Campenon, Paris, Rolland éd., 1830, t. 6, p. 408. Pour une comparaison des positions de Berkeley et de Hume sur le statut de l'obéissance passive, on se reportera à la contribution d'Eléonore Le Jallé : « L'obéissance passive chez Berkeley et chez Hume », in *Cahiers d'histoire de la philosophie*, n° 1, *Berkeley* (sous la direction de Renée Bouveresse-Quillot), Publication du Département de Philosophie de l'Université de Bourgogne, EUD, 2000, p. 127-162.

préceptes pauliniens sont repris à nouveaux frais dans la
période qui suit le schisme d'Henri VIII et l'adoption de
l'Acte de Suprématie (1534); ici s'élabore, en polémique
avec Rome, la théorie du droit divin des rois essentiellement destinée à faire entendre que le monarque n'a de
comptes à rendre qu'à la seule divinité (qu'il ne peut donc
ni limiter ni aliéner sa souveraineté) et que la non-
résistance, ou obéissance passive, est prescrite par Dieu[1].
Le retour de l'enseignement paulinien sur la séparation et
la coordination des pouvoirs spirituel et temporel s'effectue du même coup, par transfert, au bénéfice du prince,
en même temps que le pape est débouté de son ministère
plénipotentiaire[2]. Ainsi se constitue un corps de doctrines
principalement dû aux docteurs anglicans et que résument
assez bien les homélies sur « la rébellion volontaire » et sur
« l'obéissance » introduites, en 1569, dans le recueil général des homélies dont on recommande la lecture hebdoma-
daire aux membres du clergé : il y est dit qu' « un rebelle est
pire que le pire des princes, et la rébellion pire que le pire
gouvernement du prince le plus mauvais »; qu' « il faut
obéir aux rois, quoique étrangers, méchants et criminels,
quand Dieu, pour nous châtier, en aura placé de tels à notre
tête »; qu'il « ne nous est pas permis (quand le roi nous
donne des ordres impies) de résister par la violence ou de

---

1. Pour plus de détails, cf. J.N. Figgis, *The divine right of kings,* 1896,
réed. New York, Harper Torchbooks, 1965, *passim.*
2. Sur les premières étapes de ce transfert, cf. J. Quillet, *Les clefs du
pouvoir au Moyen Age,* Paris, Flammarion, 1972 (en particulier, p. 79-80,
93-96, 105, 112, 123).

nous révolter contre nos gouvernants », que « nous devons en tels cas souffrir patiemment toutes les injustices » [1].

La doctrine sera, en réalité, assez vite interprétée dans le sens d'une légitimation de tout pouvoir civil, quelle qu'en soit la nature ; le privilège accordé par l'église anglicane à la monarchie héréditaire risque dès lors de s'estomper au profit de l'idée plus générale de souveraineté, quelle qu'en soit l'origine [2] : le fait même du pouvoir établi renvoie à la juridiction suprême de l'autorité divine qui, pour sa part, suffit à discréditer par avance toute velléité de résistance et à lui conférer le statut de péché. Tout se passe comme si, par la logique même de l'indétermination de la formulation pauli-nienne [3], on en était réduit à passer insensiblement de l'idée du droit divin des rois à l'idée d'un fondement divin de tout pouvoir civil quitte à ressusciter, pour la circonstance, le vieux spectre de la colère divine prête à assumer la responsabilité de la rébellion contre un pouvoir exorbitant ou du châtiment contre un prince impie [4].

---

1. Cité par Ch. Bastide, *John Locke, ses théories politiques et leur influence en Angleterre,* Paris, éd. E. Leroux, 1906, p. 139. Voir également l'homélie de 1547 citée par R. Marx, *L'Angleterre des Révolutions,* Paris, A. Colin, 1971, p. 45.

2. Un exemple parmi d'autres : Sherlock et *The Case of Resistance to the Supreme Powers* (1684) : « On ne doit en aucun cas résister aux princes souverains, ou au pouvoir suprême quel qu'en soit le dépositaire et dans quelque nation que ce soit » (cf. Bastide, *op. cit.*, p. 165 : traduction modi-fiée). Ce sont, à peu de choses près, les termes mêmes qu'utilisera Berkeley.

3. Saint Paul dit : « Celui qui résiste à l'autorité résiste à l'ordre que Dieu a établi » (*Romains*, XIII, 2). La nature de l'autorité n'est évidemment pas précisée.

4. C'est la raison pour laquelle la monarchie absolue a dû – comme on sait – s'appuyer sur une autre théorie – la théorie patriarcale – afin de tenter

Mais il fallait que, dans la foulée, sautât le verrou du droit héréditaire (donc de l'interdiction faite au parlement de changer éventuellement l'ordre de succession) qui, avec le droit divin des rois et la nécessité de l'obéissance passive, constituait l'un des préceptes fondamentaux des canons séculaires de l'église anglicane. La question va se poser dans toute son ampleur et dans les termes les plus pressants à l'issue des événements de 1688. L'historien Smollett remarque qu'au terme de la Glorieuse Révolution, le roi (Guillaume III) « qui était élu par le peuple, avait cependant le pouvoir de régir l'État sans sa participation, qu'il pouvait gouverner *jure divino* quoiqu'il fût établi *jure humano,* et que la constitution était fondée sur les maximes des Torys quoique le changement de gouvernement dérivât d'un esprit républicain » [1]. L'accord entre les deux termes ne va pas de soi et, de fait, l'unité de façade qui avait opposé l'ensemble de l'Église à la politique religieuse de Jacques II tend à s'effriter après le succès de la Révolution. Il s'agit désormais de justifier *a posteriori* la circonstance

d'établir l'antériorité chronologique et logique du régime monarchique, ainsi que sa supériorité sur les autres régimes (cf. les Canons de 1607 in Bastide, *op. cit.,* p. 144, et, bien entendu, l'ouvrage de Filmer, *Patriarcha* in *Patriarcha and other political works* of Sir Robert Filmer, éd. P. Laslett, Oxford, Basil Blackwell, 1949, p. 53-125). L'entreprise de justification théorique de la monarchie absolue entre ainsi, en Angleterre, en polémique directe avec la thèse du pacte social comme source de la souveraineté (la littérature monarchomaque bien sûr, mais aussi la *Constitution ecclésiastique* de Hooker): cf. le décret d'Oxford de 1683 reproduit in R. Marx, *L'Angleterre des Révolutions,* p. 278-281, où, aux côtés de Buchanan, Milton et Baxter, Hobbes se trouve lui aussi condamné.

1. Smollett, *Histoire d'Angleterre,* suite *à l'Histoire d'Angleterre* de Hume, éd. citée, t. 11, p. 3.

exceptionnelle de la résistance ; si les préceptes de l'église anglicane s'accommodent mal d'une reconnaissance *de jure* du nouveau souverain, la « solution » proposée par les Communes (la « vacance » du trône consécutive à la fuite de Jacques II) n'apparaît guère plus satisfaisante [1]. Dans un tel contexte, l'alternative *de jure/de facto* revient soit à porter un coup fatal au dogme de la non-résistance en entérinant le fait de la trahison, soit à saper les fondements mêmes de l'obéissance passive en renonçant à toute transcendance dans la légitimation du pouvoir politique. Il fallait donc frayer une voie nouvelle qui, sans remettre en question les préceptes traditionnels, fût au moins en mesure d'adapter la théorie à la nouvelle situation politique. Telle sera la tâche des docteurs et théologiens anglicans dans leur entreprise de substitution d'une théorie du droit divin de providence à la théorie du droit divin héréditaire. Le maintien des préceptes traditionnels (droit divin, obéissance passive, non-résistance au trône) vis-à-vis des nouveaux souverains, Guillaume et Marie, ne peut dissimuler le fait qu'il y a eu changement de dynastie ; c'est donc bien la question du droit héréditaire qui vient au centre des débats. Pour justifier l'allégeance au nouveau régime, on montrera : 1) que Jacques II était bien souverain de droit divin (la négation de ce droit rendrait d'ailleurs inintelligible le second temps de l'argumentation), mais 2) que Jacques II a trahi sa mission en acceptant l'autorité de l'antéchrist de Rome, en se soumettant aux caprices

---

1. Cf. Hume, *Histoire d'Angleterre*, t. 10, p. 373 *sq.* et la proposition tory d'une régence comme solution intermédiaire.

politiques du tyran Louis XIV et en renversant la religion
nationale et les libertés traditionnelles du pays. La conclusion s'impose d'elle même : Dieu a prononcé l'impéritie
du souverain et a suscité un nouveau David, un libérateur
providentiel, en la personne de Guillaume d'Orange.
Guillaume s'est donc bien emparé de la couronne *de facto*,
à la manière d'Henri VII, mais, ce faisant, il était investi
d'une mission divine, un simple « instrument » choisi
par Dieu lui-même. C'est ainsi que se dessine le thème de
la délivrance providentielle appuyé sur une vision plus
large dont témoigne, par exemple, John Norris dans un
Discourse concerning submission to divine Providence
(1693) lorsqu'il écrit : « il existe une Providence générale,
et Dieu se préoccupe en personne du gouvernement et de la
direction à la fois du monde matériel et du monde moral, en
réglant et en ordonnant les mouvements du premier, les
actions et les événements du second » [1].

C'est dans un texte de Sherlock (*The case of the
allegiance due to soveraign powers* – 1691) que se nouent
de la manière la plus claire tous les fils de la nouvelle
théorie du droit providentiel. L'auteur rappelle qu'une
dynastie peut être établie de trois manières (héréditaire, élective ou par conquête), mais qu'en matière de
succession, deux cas principaux peuvent se présenter : la
succession divine, qui est l'émanation directe du souhait
divin ; la succession humaine, qui est régie par une procé-

---

1. Cité par G. Straka, « The Final Phase of Divine Right Theory in
England », *English Historical Review*, vol. 77, 1962, p. 642. Tout ce paragraphe doit beaucoup à l'article de Straka.

dure constitutionnelle. Or, dans tous les cas, explique Sherlock, c'est la providence divine qui agit et qui dirige la succession, directement ou indirectement. La conséquence se dégage clairement : il ne saurait y avoir conflit sur le plan théologique entre une succession légale issue d'un droit héréditaire et une prise de pouvoir issue de la conquête, puisque ces deux possibilités sont toujours le fruit d'une intervention providentielle. Sherlock maintient donc le cœur de la doctrine paulinienne (tout pouvoir vient de Dieu), mais pour en tirer toutes les conséquences logiques : si le décret divin est au fondement de la légitimité des Stuart, on accordera qu'il en va de même pour les autres formes de souveraineté ; dès lors, la distinction entre souverain *de jure* et souverain *de facto* n'a de sens que par rapport aux lois de cette terre ; mais à la lumière de la providence, tous les souverains participent de l'autorité divine dans la mesure où leur règne a été sanctionné par Dieu. Ainsi s'installe un partage des responsabilités au sein de la Glorieuse Révolution : Dieu en fut l'auteur, Guillaume l'instrument[1].

Face aux non-jureurs qui tendent à rejeter le droit divin providentiel et face aux contractualistes qui tendent à l'ignorer, il devient nécessaire de prouver l'intervention providentielle dans le déroulement de la Révolution, en insistant notamment sur le danger du complot jésuite sous le règne des Stuart et en mettant en évidence la tyrannie papiste ; dans ce registre argumentatif, la Révolution apparaît moins comme une innovation que comme

---

1. Cf. Straka, art. cit., p. 647.

la restauration pure et simple des droits de l'église d'Angleterre, tout comme elle a pu apparaître, sur un plan plus strictement politique, comme la restauration des libertés traditionnelles bafouées par la dynastie des Stuart[1]. La théorie du droit divin providentiel est donc typiquement anglicane : elle annule le privilège de l'hérédité, non point en rejetant l'idée de droit divin, mais au contraire en l'élargissant ; le droit divin héréditaire devient un cas particulier du droit divin en général ; mais, par voie de conséquence, le droit héréditaire n'est pas *a priori* plus sacré que la succession providentielle. L'adaptation que les Tories anglicans ont fait subir à la doctrine du droit divin revient, de fait, à justifier la Révolution d'une manière autre que les Whigs contractualistes.

---

1. Entreprise de conciliation qui est particulièrement claire chez le publiciste Blackstone, *Commentaires sur les lois anglaises*, trad. M.D. G., Bruxelles, chez J.L. de Boubers, 1774, t. I, p. 313-314 : « Tel est, je crois, le juste milieu dans lequel consiste la véritable doctrine de la succession du trône de la Grande-Bretagne. Les deux extrêmes détruiraient également le but pour lequel la société est formée et la base qui la soutient. Si le peuple était autorisé à élire son principal magistrat à chaque succession, s'il pouvait, suivant les lois, le déposer ou le punir, cette prérogative qu'on se plaît à regarder communément comme le triomphe de la liberté (mais qui n'est en effet imposante que dans la spéculation) ne produirait que troubles, désordres, et enfin l'anarchie. D'un autre côté, un droit héréditaire immuable et de droit divin, entraînant nécessairement la doctrine d'une obéissance passive et illimitée, serait sans doute la plus oppressive et la plus redoutable de toutes les Constitutions. Mais lorsqu'un droit héréditaire, tel que celui que nos lois ont créé et attribué au souverain, est intimement lié avec ces privilèges et ces droits établis dans notre chapitre précédent, et se trouve être, pour ainsi dire, également le patrimoine des sujets, une telle union doit former une Constitution aussi admirable dans la théorie que louable et faite pour subsister longtemps dans la pratique ».

*

Les développements de la théorie du droit divin providentiel vont inévitablement retentir sur la doctrine de l'obéissance passive. On assiste, dans les années 1708-1710, à une résurgence de la querelle de l'obéissance passive qui rencontre son motif manifeste dans une menace de déchristianisation de la société civile dont serait porteuse une fraction non négligeable de la nouvelle génération d'intellectuels[1]. Il n'est pas inutile, pour saisir le sens de l'entreprise de Berkeley, de rappeler les péripéties de cette querelle.

Le Tory Francis Atterbury avait, dans un discours prononcé à la Chambre des Communes le 29 mai 1701 («The Wisdom of Providence manifested in the Révolutions of Government»), récapitulé de manière plus systématique les principaux thèmes de la théorie du droit divin providentiel : 1. la résistance au souverain est un péché ; 2. Dieu est toujours libre – de par son pouvoir suprême – de renverser un régime ou un gouvernement ; 3. il peut donc arriver que la providence divine vole au secours d'un peuple malheureux : tel fut le cas de la Révolution ; les sujets n'ont pas résisté à leur souverain, ils ont plutôt été « manipulés », des instruments dans la main

---

1. Cf. l'écrit de Swift, *L'abolition du christianisme* (1708) qui analyse sur le mode ironique les arguments des partisans de l'«abolition» (in *Œuvres,* Paris, Gallimard, Pléiade, 1965, p. 1311-1324). Ce sont les mêmes motifs qui vont gouverner l'entreprise apologétique de Berkeley.

de Dieu qui a répudié un roi injuste et désobéissant afin que la succession soit assurée suivant une juste ligne[1].

En 1706, le Whig Benjamin Hoadly prononce un sermon intitulé « The Measures of Submission to the Civil Magistrates Considered », qui est en fait un commentaire du tout début de l'Épître aux Romains 13 : « Que tout homme soit soumis aux autorités souveraines ». Selon Hoadly, le propos de saint Paul n'est pas de se livrer à l'apologie d'une absolue soumission des sujets aux souverains pervers qui cherchent à les dépouiller de leur liberté, de leurs biens, voire de leur religion. Une telle interprétation serait absurde. En réalité, on ne peut pas considérer l'opposition à de tels souverains comme une opposition à l'autorité divine. « Mieux, précise Hoadly, une non-résistance passive apparaîtrait, à y regarder de près, comme une bien plus grande opposition à la volonté divine, que l'inverse »[2]. Atterbury considérera le sermon comme scandaleux, allant jusqu'à parler d'un « grave déshonneur » pour l'église à laquelle appartient son auteur.

La riposte d'Atterbury intervient le 29 septembre 1708 dans un sermon qui commente le même texte, mais en suggérant, bien sûr, une interprétation fort différente : saint Paul, selon Atterbury, ne s'est pas proposé de fournir aux premiers chrétiens une charte de rébellion mais les a exhortés à être des citoyens obéissants et soumis à l'État romain. Atterbury précise que les princes auxquels

---

1. Cf. G.V. Bennett, *The Tory Crisis in Church and State, 1688-1730*, « The career of Francis Atterbury, Bishop of Rochester », Oxford University Press, 1975, p. 105.
2. Cité par Bennett, *op. cit.*, p. 106.

devaient se soumettre les sujets n'étaient ni moins corrompus ni moins tyranniques que le seront plus tard Caligula et Néron et que ce serait une bien curieuse doctrine que celle qui ferait le partage, le tri, entre les bons princes et les mauvais princes. Hoadly est directement attaqué ; on lui reproche de vouloir détruire ce sens de l'obéissance qui n'est pas seulement la suite de la crainte d'un châtiment humain, mais qui émane réellement de l'obligation divine ; Hoadly et ses sectateurs « débauchent les esprits par des opinions pernicieuses » et prêchent finalement la rébellion en s'appuyant sur une fausse interprétation de l'Écriture.

Le débat s'envenime ; tout le monde s'en mêle. Les positions tendent à se radicaliser : certains sont tentés d'assimiler la position de Hoadly à celle des libres penseurs et des athées auxquels on reproche de vouloir saper les fondements de la religion et de l'État ; dans l'autre camp, l'amalgame s'effectue entre la défense de l'obéissance passive et la cause du jacobitisme, à partir du moment où certains prêtres non-jureurs font entendre leur voix dans le concert anti-rébellion. L'église anglicane qui, dans sa majorité, refuse cet amalgame, doit reprendre à nouveaux frais les bases mêmes de la controverse, ne serait-ce qu'en dissuadant les prêtres extrémistes de rallier publiquement la cause de l'obéissance passive[1]. La querelle va trouver son point culminant en 1709, au moment où, à travers l'affaire Sacheverell, la défense de l'obéissance passive

---

1. Cf. Bennett, *op. cit.*, p. 109, qui précise que ce sera là la tâche d'Atterbury : recours à la flatterie, à la persuasion, mais aussi, le cas échéant, aux menaces.

devient pratiquement synonyme d'une dénonciation de la révolution de 1688.

A l'évidence, les Tories se méfient de l'intervention inopportune de certains théologiens et l'on cherche plutôt à ne pas envenimer les choses. L'évolution de la situation, toutefois, sera tout autre : un homme de trente-six ans, le Dr Henry Sacheverell, grand séducteur et excellent orateur au dire des contemporains, de surcroît non dépourvu d'ambition, va, contre toute attente, mettre le feu aux poudres dans un sermon prononcé le 5 novembre 1709 à la cathédrale Saint-Paul. Dans un style emporté, ce sont tour à tour les dissidents et les avocats de la tolérance qui sont attaqués avec fougue ; Hoadly lui-même est dépeint sous les traits d'un « monstre ». L'argumentation, au reste, n'est nullement originale ; elle ne fait que reprendre, dans ses grandes lignes, les thèmes déjà développés par Atterbury dans le sermon de 1708 : « la sécurité de notre gouvernement, le pilier sur lequel il repose, se fonde sur la croyance ferme de l'obligation des sujets à une obéissance absolue et inconditionnelle au pouvoir suprême... dans tout ce qui relève de la légalité (*in all things lawful*) »[1]. Rien, en somme, dans ce sermon, qui passe les bornes de la polémique coutumière ; rien, dans son argumentation, qui puisse *a priori* justifier des poursuites et une éventuelle condamnation. Le véritable déclic sera, en fait, l'attaque en

---

1. Cette dernière restriction contribue évidemment à tempérer quelque peu l'assertion générale. Le titre du sermon prononcé le 5 novembre 1709 est « The Perils of False Brethen both in Church and State » ; le 15 août, Sacheverell avait prononcé un autre sermon intitulé « The Communication of Sin ».

règle dirigée par Sacheverell contre Godolphin, grand trésorier du ministère whig : Godolphin est regardé comme un ennemi de l'église, aux côtés des athées, des dissidents, des Whigs et de Hoadly ; Sacheverell rappelle avec ironie le surnom communément donné à Godolphin de « rusé Volpone », dénonce sa politique de faction, de copains et de coquins, bref se livre à un réquisitoire politique. Cette violente diatribe ne peut pas rester sans écho dans le pays, à un moment où la rareté de la monnaie, la hausse des prix et l'impossibilité de mettre fin à l'interminable guerre avec la France se traduisent par un profond mécontentement populaire. En dénonçant durement la politique menée par la Junte (ce groupe de lords particulièrement riches liés à la personne de Malborough et principaux artisans de la poursuite de la guerre), Sacheverell devient assez rapidement (son sermon sera imprimé et divulgué) le porte-drapeau de toutes les revendications. Provocation délibérée ou involontaire ? Il est difficile de trancher. Mais l'important est que le gouvernement tombe dans le panneau : malgré les hésitations de Malborough et les mises en garde de la reine Anne, Godolphin engage une procédure de poursuite ; le procès aura lieu aux Communes et durera trois semaines. Enté sur la contestation de la politique du ministère whig, c'est en fait l'affrontement entre l'interprétation whig et l'interprétation tory de la Révolution de 1688 qui vient, une fois de plus, sur le devant de la scène, à travers la condamnation du « libelle malicieux, scandaleux et séditieux ».

Le procès s'ouvre le 27 février 1710, en présence de la reine. Dans les rues alentour, la foule hurle « Que Dieu bénisse votre majesté et l'église. Nous espérons que votre majesté est pour le Dr. Sacheverell ». Pendant tout le temps

du déroulement du procès se produisent de violentes
émeutes [1], où Sacheverell est représenté comme un martyr.
Les députés-commissaires reprochent au docteur anglican
d'avoir voulu remettre en cause la légitimité de la nouvelle
constitution, alors que la Révolution fut en réalité la
restauration des anciens droits : « la doctrine d'absolue
non-résistance, affirme Stanhope à cette occasion, est
contraire à la raison, à la loi naturelle, à la coutume de tous
les siècles et de tous les pays (...) Il n'existe pas de nation
ou de gouvernement au monde qui, à son origine, n'ait eu
pour fondement un acte de résistance ou un contrat ; et,
pour notre dessein, il suffit que l'on admette cette dernière
origine ; car, dès lors qu'on admet un contrat, il faut aussi
admettre un droit de défendre les droits conférés par un tel
contrat » [2]. Face à cette reprise de la traditionnelle argumentation whig, la défense, par la voix de Simon Harcourt,
va tenter de réduire la portée des paroles de l'accusé en
ramenant le contenu du sermon à une série d'arguments
conformes à la fois aux positions traditionnelles de l'église
anglicane et aux récents accommodements de la doctrine
tory : Sacheverell n'aurait fait que reprendre à son compte
ce qui a toujours été prêché avant comme après la
Révolution, à savoir la proposition *générale* qui stipule
que la résistance au pouvoir suprême constitue un mal
moral. Au reste, le docteur serait convaincu que le pouvoir
suprême réside dans la législature et que c'est justement

---

1. Voir la description *in* Smollett, t. 12, p. 308. Cf. aussi les textes
recueillis in *The Divided Society, Party Conflict in England, 1694-1716*, éd.
G. Holmes & W.A. Speck, Londres, ed. Edward Arnold, 1967, p. 79-80.
    2. Cité par Bastide, *op. cit.*, p. 3 24.

pour préserver sa suprématie que la Révolution a éclaté. Le 7 mars, Sacheverell prend lui-même sa défense : ce procès, selon lui, est destiné à créer un précédent, à interdire de parole ceux qui professent la doctrine de la non-résistance, à reprendre en mains le clergé dans son ensemble et lui imposer l'orthodoxie. Mais, dans le même temps, Sacheverell se défend d'avoir voulu remettre en question la Révolution et se déclare fervent partisan de l'établissement de la succession hanovrienne, meilleur garant contre le retour du papisme et du pouvoir arbitraire. Le docteur conclut sur une limitation de ses prétentions : il n'a fait que rappeler la vieille doctrine de l'église d'Angleterre, sans vouloir, à aucun moment, sortir de la légalité.

En fait, l'affaire tourne mal pour les Whigs : la grande majorité des Lords est passablement ébranlée par les arguments de la défense ; les évêques ne sont guère à l'aise dans cette mise en accusation d'un ecclésiastique et, au demeurant, le soutien à la politique financière du Lord Trésorier commence à s'effriter. Le 20 mars, Sacheverell est déclaré coupable à une faible majorité de 17 voix ; la peine primitivement prévue (sept ans d'interdiction de prêcher, incarcération de trois mois à la Tour, autodafé des sermons incriminés) est finalement ramenée à trois années d'interdiction de prêcher et à la condamnation des sermons à être brûlés par la main du bourreau. Cette condamnation légère est partout reçue comme un véritable acquittement ; la ville s'illumine pour fêter la victoire ; la haute église l'emporte, les Whigs sont défaits. La reine renvoie Godolphin en août 1710 ; les élections de la même année voient le triomphe des Tories qui vont s'installer pour quatre ans aux commandes de l'État. Le 31 décembre

1711, Malborough est démis de ses fonctions. L'utilisation des querelles religieuses à des fins politiques a fonctionné au-delà de toute espérance[1].

Dans les années qui vont suivre, la politique de la grande majorité des évêques va consister à conforter l'idée d'une église d'État et celle d'un droit de l'église au monopole du pouvoir politique ; dès lors qu'anglicanisme et patriotisme seront considérés comme pratiquement synonymes, il s'agira essentiellement de se démarquer des groupes extrêmes – Jacobites et non-conformistes – qui ne partagent pas ces vues[2]. C'est précisément dans ce contexte que s'inscrit le *Discours sur l'obéissance passive* de Berkeley.

*

Le texte de l'*Obéissance passive* n'était pas, primitivement, destiné à la publication. Il s'agit bien – ainsi que le rappelle l'Avertissement au lecteur – de trois sermons prononcés en 1712 à la chapelle du Trinity College de Dublin pour l'édification d'un public estudiantin. Mais l'accueil réservé aux sermons est plutôt mitigé ; on croit y percevoir le développement d'une doctrine peu conforme à la Constitution ; Lord Galway n'hésite pas à considérer que les raisonnements tenus sont ceux d'un Jacobite ; le grand mot est ainsi lâché au moment crucial où le règne de la reine Anne touche à sa fin (elle mourra dans

---

1. Cf. le témoignage de Swift, *Histoire des quatre dernières années du règne de la reine Anne* (*Œuvres*, Pléiade, p. 940 et 969).
2. Cf. F.G. James, *The Bishops in Politics, 1688-1714*, in *Conflicts in Stuart England*, Essays in honour of W. Notestein, ed. by W.A. Aiken and B.D. Henning, New York University Press, 1960, p. 229-257 (voir p. 248).

l'été 1714) et où certains posent déjà la question de la succession : assistera-t-on au retour du Prétendant Stuart ou respectera-t-on la nouvelle Constitution et, en particulier, l'Acte d'Établissement de 1701 qui stipule que le trône doit revenir à George, Électeur de Hanovre ? Comme tout un chacun, Berkeley ne peut rester indifférent à la controverse qui agite les esprits ; sa correspondance en témoigne : dans une lettre à Percival du 23 février 1712, le philosophe fait état du souci d'Addison et Steele dans la mesure où tous deux semblent convaincus qu'il existe un complot pour ramener le Prétendant ; quelques Tories Jacobites (avec lesquels Berkeley s'est entretenu) seraient dans l'expectative ; la fin de la lettre est toute prudence : « je désire fortement que vous ne citiez pas mon nom à ce propos, car je ne tiens pas à être considéré comme le colporteur de telles nouvelles » [1]. Dans un tel climat, l'accusation de jacobitisme prend une singulière ampleur : Berkeley pourrait être, à sa manière, considéré comme un

---

1. Lettre 28 à Percival in *The Works of George Berkeley*, ed. by A.A. Luce and T.E Jessop, Londres-Edimbourg, ed. Nelson, t. 8 (1956), p. 60 [cité désormais *Works* (L.J.)]. Plus tard, dans la lettre à Percival du 19 février 1714 (lettre 44), Berkeley signale qu'il ne croit pas à l'imminence d'un danger de subversion ; il affirme que la nation française est si appauvrie et si dépeuplée par la guerre « que nous n'avons à entretenir aucune appréhension de voir le Prétendant imposé à nous par le pouvoir de cette nation » (t. 8, p. 80). Berkeley fonde son impression sur son récent voyage en France et sur l'état lamentable du pays qu'il a pu constater *de visu*. Même jugement dans la lettre à Prior du 26 février 1714 (lettre 45) : « les Jacobites n'ont pas grand-chose à espérer et les autres pas grand-chose à redouter de cette nation (la France) diminuée » (t. 8, p. 81-82).

nouveau Sacheverell[1] et sa carrière pourrait, bien évidemment, en souffrir. La publication des trois sermons doit donc être d'abord perçue comme une réaction de défense[2] : il s'agit de montrer, textes à l'appui, que le Discours – comme le signale Molyneux désireux de détromper Lord Galway – « ne contient rien d'autre que des principes de loyalisme vis-à-vis de la présente et très heureuse constitution »[3].

En un sens, le Discours participe à la vaste entreprise de l'apologétique berkeleyenne; mais en un sens seulement. Certes, il est toujours loisible d'y discerner les linéaments d'un « utilitarisme théologique » qui sera développé plus tard; on peut également y repérer la mise en place d'un certain pragmatisme moral, construit contre Shaftesbury, que les textes ultérieurs viendront confirmer. Mais il importe de ne pas perdre de vue la nature essentiellement politique d'un texte inscrit dans une polémique coutumière principalement dirigée contre les théoriciens du droit de résistance. Morale et religion se mêlent ici au politique

1. Sans discrimination de parti, Berkeley n'hésitait pas à trinquer à la santé du Dr Sacheverell comme à celle de l'ami Percival (cf. B. Rand, *Berkeley and Percival*, Cambridge University Press, 1914, p. 74).

2. *Passive Obedience* eut trois éditions successives : 1e éd., Londres et Dublin (1712); 2e éd., Londres (1712); 3e éd. corrigée et augmentée, Londres (1713). En revanche, les *Miscellany* de 1752 ne retiendront pas le texte (cf. Keynes, *A Bibliography of George Berkeley : his Works and his Critics in the XVIIIth Century*, Oxford University Press, 1976). A noter que le soupçon de Jacobitisme persistera néanmoins et qu'il contribuera à retarder l'avancement de Berkeley lorsque les Whigs reprendront le pouvoir en 1714.

3. Propos rapporté par Stock, *An account of the Life of George Berkeley* (publié en 1784) et cité par Luce, *The Life of George Berkeley, Bishop of Cloyne*, Edimbourg, ed. Nelson, 1949, p. 5 3.

pour autant que la cible visée demeure la même à travers toute l'œuvre du philosophe, sous la figure générale de la libre pensée, quelles que soient ses incarnations locales. Les critiques discrètes émises à l'encontre de Shaftesbury et de Locke débouchent sur la lutte directement menée contre Collins dans les Essais du « Guardian » rédigés à la même époque, et contre Tindal dans le Discours même. C'est en effet un principe permanent de la philosophie de Berkeley que, par une sorte de dérive naturelle ou de pente fatale, une certaine liberté de pensée, caractérisée par l'étroitesse d'esprit, se dégrade en licence, en libertinage, en contestation, en blasphème et, finalement, en rébellion et en perte du sens patriotique [1]; de même que le défenseur de la religion naturelle, de latitudinaire se transformera en déiste, mais de là sombrera inéluctablement dans l'athéisme [2]. Ceux qui s'attaquent à la religion révélée, fût-ce au nom d'une religion naturelle, visent en fait la destruction de toute religion; de la même manière, ceux qui prétendent s'insurger contre le pouvoir en place en invoquant certains droits naturels se conduisent, qu'ils en soient, ou non, conscients, comme s'ils voulaient réduire à néant tout pouvoir civil. Le blasphème, autrement dit le manque de loyalisme en matière de religion, participe donc de la même démarche d'esprit que le manque de loyalisme

1. Cf. *An Essay towards preventing the ruin of Great Britain* (1721), in *The Works of George Berkeley*, ed. A.C. Fraser [cité désormais *Works* (F)], Oxford, Clarendon Press, 1871, t. 3, p. 195 *sq.*

2. Cf. *Alciphron*, I, 8. Voir aussi *The Theory of vision vindicated and explained* (1733), section 6 (*Works*, L.J., t. I, p. 254), où il est expliqué que panthéisme, matérialisme, fatalisme ne sont qu'un athéisme à peine déguisé.

en matière politique; les deux attitudes sont, en fait, indissociables. A l'assaut de la religion, à l'assaut de l'État, c'est, pour Berkeley, même combat.

Ainsi peut-on rattacher le Discours aux préoccupations dominantes de l'entreprise berkeleyenne : débusquer dans les moindres recoins du monde cultivé (fût-ce en physique ou en mathématique) les signes et les effets de la libre pensée. Mais l'*Obéissance passive* est aussi un écrit de circonstance, directement branché sur les querelles politiques du temps, et qui fut perçu comme tel par les contemporains. Il importe donc de savoir quelle place occupe Berkeley dans l'histoire sinueuse et mouvementée des controverses sur la question de l'obéissance passive dont nous avons brièvement rappelé les étapes.

Une première équivoque doit être levée : Berkeley n'est nullement jacobite; son loyalisme s'adresse au régime en place, non point forcément parce qu'il serait le meilleur, mais tout simplement parce qu'il est le régime en place. La correspondance avec Percival est, à cet égard, riche d'enseignement. Dans une lettre du 6 octobre 1709, Percival signalait à son ami la parution récente du pamphlet de Higden (*A View of the English Constitution*); l'auteur est un ancien non-jureur « maintenant convaincu de son erreur »; l'argument développé par Higden est « qu'on doit prêter serment aux rois *de facto* avec autant d'empressement que s'ils régnaient *de jure* (...). Il montre que c'est l'esprit de notre Constitution (...). Il prouve enfin que cette doctrine est en accord avec la doctrine de notre église, avec l'Écriture et avec la pratique des Juifs et des chrétiens primitifs » [1]. Dans sa réponse du 21 octobre 1709, Berkeley accepte sur un point l'analyse de Higden : l'allégeance au roi *de facto* (qu'il soit bon ou mauvais) est effectivement conforme aussi bien aux lois du pays et à la pratique des nations qu'à l'Écriture et à la raison. Au demeurant, Berkeley émet trois critiques qui permettent de mieux cerner sa position. En premier lieu, la différence entre roi *de jure* et roi *de facto* n'est pas facile à saisir ; on peut même dire que, d'un point de vue pratique, la distinction est inutile ; ainsi que l'enseigne l'histoire, tout roi *de facto* est roi *de jure*. En second lieu, le droit royal ne consiste nullement dans un droit de naissance *per se,* mais « dans le consentement et l'acquiescement du peuple » : « il me semble, écrit Berkeley, qu'un royaume n'est pas une propriété, mais une charge ; il n'est donc pas nécessaire que ce soit la même règle qui gouverne un État d'une part, les biens et les biens meubles d'autre part ». Il en découle tout naturellement que ce serait une « iniquité » que d'essayer de restaurer la famille des Stuart [2]. En condamnant sans appel le privilège du droit héréditaire, en dénonçant le caractère artificiel de la distinction *de jure/de facto*, Berkeley semble se situer dans le droit fil de l'argumentation développée par Sherlock. Même si la lettre ne fait pas directement allusion au droit divin de providence, la position du philosophe est bien celle des Tories anglicans

---

1. *In* Rand, *Berkeley and Percival*, p. 61.
2. *Works* (L.J.), t. 8, p. 21-23 (lettre 3). Berkeley achève sa lettre en recommandant à Percival la lecture du « Traité du gouvernement » de Locke et du « Criton » de Platon, qui traitent des limites de l'obéissance aux lois du pays.

légalistes. Mais cette position est aussi philosophique : la
lettre se contente de suggérer la conformité de l'allégeance
à l'Écriture *et* à la raison ; ce thème est aux fondements
mêmes de l'exploration entreprise dans l'*Obéissance
passive* : le nécessaire détour par l'analyse des préceptes
moraux est appelé par la récusation de la seule autorité des
Écritures Saintes au profit de l'insistance sur les principes
de la raison ; les lois de nature, qui tirent leur obligation de
l'Auteur de la nature, sont également des règles éternelles
de la raison que l'on peut démontrer par « les déductions
infaillibles de la raison »[1]. C'est là tout le pari de l'ouvrage
en même temps que sa singulière inscription dans le rema-
niement récent d'une certaine tradition théologique. De ce
point de vue, Berkeley participe bien de la politique des
évêques anglicans, mais il en participe *en tant que
philosophe*.

Attitude qui n'est nullement démentie par le comportement politique de l'homme lorsqu'il doit faire face à
des circonstances historiques délicates. C'est ainsi qu'au
moment du soulèvement jacobite de 1715, Berkeley manifeste sans ambiguïté sa loyauté à la maison de Hanovre en
publiant une brochure anonyme (*Advice to the Tories who
have taken the Oaths*) dont il fait état dans une lettre à
Percival du 6 juillet 1715 : « Je suis convaincu qu'en la
circonstance une petite adresse rappellerait les Tories à
leur devoir, être de vrais amis du roi »[2]. Percival, dix-sept
ans plus tard, signalera dans son Journal cette brochure

---

1. Cf. *Passive Obedience,* sections 2 et 12.
2. *Works* (L.J.), t. 8, p. 86.

« dans laquelle il (Berkeley) agit sur leurs consciences en les exhortant à se conduire en bons sujets »[1].

L'*Advice* organise un commentaire à la fois moral et utilitariste du précepte « Tu ne te parjureras point »; il constitue à cet égard un parallèle plus immédiatement pratique à l'*Obéissance passive* conçue d'abord comme commentaire du précepte « Tu ne résisteras point au pouvoir suprême ». Face à la propagande qui engage le loyalisme dû à l'église d'Angleterre à emprunter le chemin de la cause jacobite, l'argumentation se développe alternativement sur deux plans distincts mais complémentaires : l'utilité de la religion chrétienne réside essentiellement dans le fait qu'elle retient chacun de se livrer sans vergogne à l'iniquité, à la violence, au parjure; aussi, lorsqu'on a promis par un serment solennel, comme ce fut le cas pour les prélats anglicans, d'être de bons et loyaux sujets du roi George et que l'on s'efforce, néanmoins, de restaurer le Prétendant d'une dynastie que l'on a abjurée, on contribue efficacement à affaiblir le sentiment religieux en même temps que l'on entame sérieusement le crédit de l'Église nationale. On délite par là même le ciment du lien social, qui n'est autre qu'une croyance commune dont le serment représente la garantie, « le grand instrument de la justice dans les relations entre les hommes »[2]. Porter atteinte au caractère sacré du serment, c'est donc simultanément porter atteinte à l'Église et à l'État. L'argument moral vient alors s'intercaler entre deux arguments de type utilitaire :

1. Cf. A.A. Luce, *The Life of George Berkeley*, p. 73.
2. *Advice...*, *Works* (L.J.), t. 6, p. 54 (1953).

vouloir renverser le gouvernement est le crime le plus abominable « non seulement parce qu'il touche la personne du
prince qui nous protège (...) mais surtout parce que c'est
une insulte que l'on porte à la divinité elle-même »[1]. Se
parjurer, c'est, dès lors, déshonorer l'église et accélérer sa
perte, d'autant que si « les maux attachés à la rébellion sont
certains, l'issue, elle, en est douteuse »[2] et qu'au cas où
surviendrait un échec, au reste prévisible, il n'y aurait pas
de quartier; les Whigs, c'est un fait, se détachent de
l'église, mais il est vrai aussi que la rébellion leur fournit le
plus magnifique prétexte pour l'anéantir complètement :
argumentum ad hominem, précise Berkeley[3] afin de lever
toute équivoque.

Le dernier argument concerne la traditionnelle question
de la légitimité de la Glorieuse Révolution : comment la
justifier s'il n'est en aucun cas légitime de rompre un
serment d'allégeance? Or, la Révolution a bien eu lieu;
pourquoi renoncer aujourd'hui à une entreprise qui a des
précédents? La réponse mérite d'être citée tout au long :

> Je rétorque ceci : lorsqu'une personne, par forfaiture ou
> par abdication, a abandonné son royaume, ce n'est plus

1. *Advice..., ibid.,* p. 55.
2. *Ibid.*
3. *Advice...,* p. 56. Cf. Lettre du 8 septembre 1715 : « Il est inconcevable
qu'un protestant irlandais puisse s'imaginer qu'une telle révolution lui
apporterait seulement l'ombre d'un avantage quelconque (...). Si les Tories
s'engagent ouvertement dans cette aventure, je les considérerai comme
coupables de parjure et de friponnerie, et d'une impudence qui dépasse tout
ce qu'on a pu connaître » (*Works* (L.J.), t. 8, p. 92). Confirmé sur le plan
théorique par le fait que la libre pensée fraye le passage au papisme
(cf. *Alciphron,* II, 26).

un souverain. Car le sujet a juré allégeance au souverain, et non à la personne. Lorsque donc la personne cesse d'être souverain, l'allégeance qui lui est due cesse du même coup, et bien entendu on est délié de son serment. Tel fut, au jugement du plus grand nombre, le cas de la Révolution. Mais rien de semblable ne peut aujourd'hui être avancé. Le roi George administre légalement le gouvernement auquel il a été appelé par le consentement unanime et les acclamations du peuple (...) et, en conséquence, on ne peut dresser aucun parallèle entre la Révolution et les circonstances présentes[1].

Tout en concédant que sur tel ou tel point, la politique menée est détestable, encore faut-il ne pas tout confondre : « c'est une chose de renverser l'État, c'en est une autre de renvoyer un ministre ». Berkeley reprend donc à son compte la version officielle de la justification de la Révolution : il n'y a pas eu sédition du peuple, mais vacance du trône ; on n'a pas chassé le monarque, il y a seulement eu abandon de poste ; le Parlement devait tout naturellement, moyennant quelques accommodements constitutionnels, se mettre en quête d'un remplaçant. Jacques II s'est, au

---

1. *Advice*..., p. 56-57. Cf. également la lettre à Percival du 8 septembre 1715 (lettre 54), où Berkeley rappelle aux Tories que rallier le Prétendant serait faire preuve de rébellion et de parjure (voir note précédente). La lettre à Percival du 22 septembre 1715 en appelle à l'intervention de la Providence pour empêcher la jonction du ressentiment et du parjure avec les intérêts privés, jonction qui conduirait à démettre le roi et à ruiner le pays (cf. *Works* (L.J.), t. 8, p. 94). Enfin, dans la lettre du 20 octobre 1715, Berkeley assure Percival qu'il a toujours abhorré et qu'il abhorrera toujours un gouvernement papiste (*Works* (L.J.), t. 8, p. 96).

sens strict, mis dans son tort; la morale est donc sauve. En revanche, la légitimité de George I er ne fait aucun doute : il détient son pouvoir du consentement populaire, non de la violence ou de l'artifice.

La conclusion de l'*Advice* revient sur le devoir moral qui est en même temps un devoir religieux : dès qu'un serment a été prononcé, quelles que soient les raisons invoquées pour le rompre, il doit être tenu contre vents et marées. Les Tories ont prêté serment à George I er, ils ont abjuré le Prétendant; même si la cause du Prétendant peut sembler meilleure à quelques-uns, ils n'ont pas le droit de l'assister, puisqu'ils ont juré de n'en rien faire. Qui décidera, au demeurant, que le droit héréditaire est supérieur au droit parlementaire et que le droit héréditaire revient au Prétendant ?

En mêlant avec adresse, dans ce texte de circonstance, les arguments utilitaristes et l'argument moral, en les faisant allègrement rebondir les uns sur les autres et en annonçant la couleur d'entrée de jeu (« il y a deux choses qui ont quelque influence sur les êtres humains dans le domaine de la religion – le sens de sa vérité et le sens de son utilité »)[1], Berkeley se donne les moyens de maintenir les acquis de l'*aggiornamento* de sa paroisse; ce philosophe est aussi un militant. Mais, en référant inlassablement le fruit d'une conjoncture particulière à une exigence morale raisonnée – et non plus simplement vécue, ce militant se veut avant tout philosophe. L'*Advice* constitue, à cet égard, un raccourci opportun, mais aussi une application pratique

---

1. *Advice...*, p. 53.

immédiate, des préceptes plus finement analysés dans l'*Obéissance passive*. Le philosophe ne rompt point avec une tradition ancestrale; le terme de l'analyse demeure, ici comme ailleurs, le conseil.

Le 17 novembre 1715, Berkeley adressera ses félicitations à Lord et Lady Percival pour la victoire des forces royales à Preston[1].

En 1745, au moment du nouveau soulèvement Jacobite, l'attitude de Berkeley n'a pas varié; il ira même jusqu'à prendre les armes[2] et enverra trois lettres sur des questions militaires au *Dublin Journal*, sous le pseudonyme d'Eubulus[3] : on y trouve notamment une exaltation du courage militaire et une apologie de l'éducation physique et des compétitions publiques qui sont bien propres, ainsi que l'avaient compris Grecs et Romains, à développer le sens de la solidarité civique et du patriotisme nécessaires dans la lutte *pro aris et focis*[4]. Mais le texte le

---

1. Cf. *Works* (L.J.), t. 8, p. 97-98.

2. Cf. lettre à Gervais du 24 novembre 1745 (lettre 225) in *Works* (L. J.), t. 8, p. 277.

3. Ces lettres ont été reproduites par A.A. Luce in « More unpublished Berkeley letters and new Berkeleiana », *Hermathena*, 1933, t. XLVIII, p. 45 *sq*. Elles sont reprises dans *Works* (L.J.), t. 8, p. 278, 279, 280-282 (lettres 226, 227, 229).

4. C'est notamment le thème de la lettre des 4-8 février 1746 qui reprend certains passages de l'Essai de 1721 : *An Essay towards preventing...* Voir en particulier *Works* (F), t. 3, p. 205 où apparaît l'expression *pro aris et focis;* la formulation de la lettre est presque identique : « *pro aris et focis*, tel a toujours été le grand motif du courage et de la persévérance dans la cause publique » (*Essay...*, p. 205); « *pro aris et focis* a toujours été considéré comme le motif le plus puissant de la lutte » (Lettre in *Hermathena*, p. 47). La même

plus significatif de cette époque demeure la Lettre aux
Catholiques Romains du Diocèse de Cloyne publiée dans
le *Dublin Journal* du 19 octobre 1745, à laquelle on doit
joindre une Lettre aux fidèles parue dans le même numéro,
et qui rappelle que si la rébellion venait à triompher,
l'œuvre de la Réforme serait bien menacée, si menacée
même que les fidèles de l'Église d'Angleterre perdraient
leurs libertés civiles et religieuses; Berkeley signale, pour
conforter sa thèse, que les rebelles avaient, en 1715, inséré
dans leur manifeste une clause stipulant la sécurité des
églises établies d'Angleterre et d'Irlande, mais que le
Prétendant avait de sa propre main rayé la clause en
question[1]. Quant à la Lettre aux Catholiques Romains[2],
elle est d'une habileté consommée : elle rappelle que le
gouvernement en place a protégé les personnes, les droits

---

expression sera encore reprise dans la 16e Maxime sur le patriotisme en 1750
(cf. *Maxims concerning Patriotism*, in Works (F), t. 3, p. 455-457).

1. Cf. Luce, *The life of George Berkeley*, p. 178. La lettre aux fidèles
n'est pas sans rappeler la lettre adressée à John James le 7 juin 1741 pour
dissuader le destinataire de se convertir au catholicisme romain; autant
l'argumentation de la lettre aux fidèles est de type utilitaire, autant celle de la
lettre à James est théorique : elle rappelle notamment qu'on ne trouve aucune
trace de papisme chez les Pères de l'Église, que ce sont d'abord et avant tout
des philosophes; qu'il importe de se soumettre au Christ, et non au pape; que
le papisme est usurpation, etc. (cf. *On the Roman Controversy to Sir John
James*, Works (L.J.), t. 7 (1955), p. 143-155).

2. *A Letter to the Roman Catholics of the Diocese of Cloyne*, published in
the Late rebellion, A.D. 1745, in *Works* (F), t. 3, p. 433-434. A noter que la
notion même de « Catholique Romain » est perçue par Berkeley comme une
contradiction dans les termes, quelque chose comme un « universel
particulier » : la véritable église universelle est l'église invisible; les églises
visibles, politiques et nationales, ne sont pas universelles (cf. *To John James*,
Works (L.J.), t. 7, p. 147).

et les biens des catholiques « avec une douceur véritablement chrétienne » et qu'il serait à la fois imprudent et
ingrat de remettre en cause tous ces avantages en se
soumettant à l'ambition de certains princes étrangers « qui
jugent opportun de susciter aujourd'hui la discorde dans
nos rangs, mais qui, sitôt qu'ils auront atteint leur but, ne
manqueront pas de nous abandonner, ainsi qu'ils l'ont
toujours fait »[1]. La prudence et l'intérêt commandent donc
que l'on se tienne tranquille : en effet, si le coup d'état
échoue, les complices risquent leur vie ; s'il réussit, la
solidarité économique du corps social, Protestants et
Catholiques confondus, est telle que ceux qui ont des biens
déposés dans les mains des Protestants, se retrouveraient
compagnons d'infortune de ces derniers. Dans les deux cas
donc, le simple calcul utilitaire interdit la rébellion.
Comme toujours chez Berkeley, le second temps de l'argumentation en appelle, non plus directement à l'intérêt, mais
à la conscience : alors que les premiers chrétiens ont
fait allégeance au ciel et que, sous d'autres cieux, les
catholiques résidant en Turquie ou en Chine font encore
allégeance à des princes mahométans ou idolâtres,
comment les catholiques d'Irlande pourraient-ils raisonna-
blement refuser une soumission pacifique à un prince
protestant[2] ? Ici comme ailleurs, Berkeley respecte le
principe formellement énoncé en 1736 : « il ne faut pas
séparer utilité et vérité ; car le bien général de l'humanité

1. Cf. *A Letter...*, p. 433.
2. Cf. *A Letter...*, p. 434.

est la règle et la norme de la vérité morale » [1], étant entendu que seule la providence divine veut nécessairement le bien général des créatures, et non quelque bien particulier auquel on serait tenté de conférer une généralité de mauvais aloi. Eriger l'intérêt particulier en règle universelle de conduite est précisément la marque de la libre pensée caractérisée par l'étroitesse d'esprit ; en revanche, une vue d'ensemble neutre et sereine est apte, dans la perspective berkeleyenne, à restituer à la providence l'ampleur de son dessein et à initier la fusion entre l'utilité générale et la vérité. La question de l'obéissance passive n'échappe pas à ce type d'approche.

*

Reste à envisager – *last but not least* – ce que recouvre au juste la notion d'obéissance passive.

Une première précaution s'impose : l'obéissance passive n'est pas l'obéissance active. Le texte de référence demeure à cet égard *The Whole Duty of Man* :

> Nous devons obéissance, ou active ou passive ; l'obéissance doit être active dans le cas de tous les commandements légitimes, c'est-à-dire toutes les fois que le

---

1. *A Discourse addressed to Magistrates and Men in Authority occasioned by the enormous license and irreligion of the times* (1736), *Works* (F), t. 3, p. 419. Cf. aussi *Alciphron*, I, 16 et *Passive Obedience*, section 7. C'est ce principe qui autorise Berkeley à revendiquer la religion comme un élément important de la Constitution civile : la religion est à la fois vraie comme système de vérités sanctionnées par Dieu, et utile et nécessaire à la société en fonction de l'autorité suprême qui y préside (cf. *A Discourse...*, p. 428). Mais elle est utile parce que vraie, et non l'inverse.

> Magistrat commande quelque chose qui n'est pas
> contraire à un commandement divin : nous sommes
> alors tenus d'agir conformément à ces commandements
> du Magistrat, de faire ce qu'il exige. Mais lorsqu'il
> ordonne quelque chose de contraire à ce que Dieu a
> commandé, nous ne sommes pas alors obligés de lui
> rendre cette obéissance active ; nous pouvons, et même
> nous devons, refuser d'agir (...), nous devons dans ce
> cas obéir à Dieu plutôt qu'aux hommes ; or, même ceci
> constitue l'occasion d'une obéissance passive ; il nous
> faut supporter avec patience ce qu'il (le Magistrat) nous
> inflige pour un tel refus d'agir et ne pas, pour nous
> protéger, nous dresser contre lui [1].

La notion d'obéissance passive occupe donc une place
médiane qui invite à l'inscrire dans une double polémique :
contre la notion de résistance, bien sûr, puisqu'il est
entendu que le loyalisme est un devoir de conscience ; mais
aussi contre l'idée d'obéissance active inconditionnelle
(celle-là même, par exemple, que revendiquent les Whigs à
l'époque de Berkeley), car la conscience a ses propres
exigences qui peuvent entrer en conflit avec les injonctions
du prince. C'est plutôt dans la première direction qu'a été
généralement tirée l'obéissance passive ; la distance prise
par rapport à l'obéissance active s'est trouvée quelque peu
gommée au profit du précepte de non-résistance absolue.

---

1. *The Whole Duty of Man laid down in a plain and familiar way* (1658)
in Hobbes, *Behemoth* (*The English Works of Thomas Hobbes*, éd.
Molesworth, Londres, 1840, 2ᵉ éd., Scientia Verlag Aalen, 1966, t. 6,
p. 224-225), tr. fr. Paris, Vrin, 1990, Premier Dialogue, p. 87-88. Berkeley
fait allusion à *The Whole Duty of Man* dans la lettre à John James (*Works*
(L.J.), t. 7, p. 144).

Tout se passe comme si l'on avait renoncé au double statut de l'obéissance pour la confiner dans un quiétisme étroit et obtempérant, reléguant ainsi au second plan la limitation incluse dans la doctrine complète.

Le fait est que Berkeley insiste, pour sa part, sur la double dimension de l'obéissance et que sa définition du loyalisme inclut l'obéissance passive, non point comme une simple position de repli, mais comme une possibilité réservée au sujet dans toute sa dignité; l'obéissance passive n'est pas moindre obéissance, elle est obéissance à part entière[1]. Dès lors, la question posée par Luce dans sa biographie de Berkeley[2] est plus pertinente que ne le laisserait supposer l'interprétation traditionnelle : puisqu'il s'agit d'allégeance limitée, peut-on encore parler d'obéissance au sens strict du terme? Berkeley se montre Tory en matière religieuse, en insistant sur l'autorité divine du pouvoir civil suprême; mais il se montre aussi hanovrien, fidèle à la cause de la Succession protestante, en traitant des limites du loyalisme et de la ligne subtile qui sépare obéissance passive et désobéissance civile. Franchir la ligne, c'est, dans la conjoncture politique du temps, tomber dans la tentation jacobite au nom de la seule légalité du Prétendant, se décider à restaurer l'ancien régime dès lors que le précepte de non-résistance a été enfreint par les républicains de 47 et les constitution-nalistes de 88, décréter enfin que la fidélité à la doctrine de l'obéissance passive exige que l'on chasse l'usurpateur.

1. Voir notamment *Passive Obedience*, section 3.
2. Cf. A.A. Luce, *The Life of George Berkeley*, p. 53.

Demeurer en deçà de la ligne, c'est rester fidèle à la fois aux anciens canons anglicans et au nouveau « légalisme » tory forgé dans le sillage de la Glorieuse Révolution ; c'est, tout en dénonçant la licence, l'athéisme, la corruption liés au nouveau régime, rappeler qu'il est toujours possible de refuser d'obéir à un ordre considéré comme immoral ou impie à condition d'accepter sans broncher le châtiment légal qu'encourt une telle conduite ; c'est, finalement, affirmer que si la résistance est parfois un fait, elle n'est jamais un droit.

L'idée d'obéissance passive est bien d'abord une trouvaille théologique destinée à concilier l'obligation due aux préceptes réputés d'origine divine et le soupçon que l'on peut à l'occasion exercer vis-à-vis de certains décrets du pouvoir civil. Lorsqu'il y a accord entre les exigences de la conscience et les ordres du prince, le problème ne se pose pas, puisque l'obéissance est alors tout naturellement active. Mais lorsque surgit une distorsion, voire une contradiction, entre ce que dicte la conscience (au nom de l'autorité spirituelle) et ce qu'impose le politique (au nom du pouvoir temporel), l'obéissance passive joue le rôle d'un frein face aux séductions de la sédition et d'un recul face aux injonctions de la collaboration. En lieu et place de la révolte manifeste, de la rébellion, que justifierait l'abus de pouvoir, la transgression tyrannique des lois naturelles, émerge alors comme une manière de résignation qui incarne en réalité un refus d'obtempérer : obéir passivement, c'est activement décider de ne pas exécuter les ordres impies et accepter les conséquences de cette non-exécution ; obéir passivement, c'est – sans prendre les armes – s'abstenir, donc, en dernière instance et d'une certaine façon, désobéir tout en refusant de s'opposer. Sans résister *physiquement* au pouvoir suprême, on y résiste néanmoins *moralement*. L'obéissance passive, dès qu'on la mesure à l'aune de l'obéissance active plutôt qu'à celle de la seule non-résistance, est bien, à sa manière, reconnaissance de la légitimité d'une résistance pacifique, lors même que la perspective de toute résistance active, c'est-à-dire armée, a été boutée hors. L'obéissance passive est le point de rencontre d'un accord entre l'effet-pouvoir civil et la cause-autorité divine : elle stipule, de ce point de vue, que l'acceptation de l'adage (tout pouvoir vient de Dieu) doit aller à exhaustion ; dans tous les cas de figure envisagés, l'unique lieu géométrique demeure cet équilibre précaire entre les deux formes nécessaires du devoir : ce que je dois faire/ce que je devrais faire. Il s'agit, en dernière instance, d'une conciliation *morale* apte à fondre dans un même creuset l'indicatif et le conditionnel. Somme toute, une réponse à l'impératif. En ce sens, l'obéissance passive est moins destinée à garantir la tranquillité des gouvernants (l'imposition de l'obéissance active y suffirait) qu'à affirmer la cohabitation possible de la conscience politique et de la conscience morale. A défaut de limiter un pouvoir civil exorbitant, on peut – et même on doit limiter sa propre allégeance à ce pouvoir ; si seul le prince peut limiter sa souveraineté, le sujet, en revanche, peut limiter son allégeance : c'est ce transfert de responsabilité qu'effectue la doctrine de l'obéissance passive.

A suivre cette piste, il apparaîtrait que la théorie mise en chantier par Berkeley relève moins de la seule autorité de la révélation que de l'élaboration d'une philosophie morale et politique. C'est bien à dissiper les ambiguïtés de la doctrine traditionnelle que s'emploie le philosophe. L'obéissance passive est certes condition de l'ordre politique et social ; le loyalisme limité issu du jugement individuel ne manquerait pas d'ouvrir la porte à l'anarchie ; mais, dès qu'un accord relatif peut s'installer parmi des sujets doués de conscience et de raison, le loyalisme « activiste » peut céder la place, lorsque la nécessité s'en fait sentir, à un loyalisme plus limité, mais non moins authentique pour autant, qui, conformément à la doctrine primitive, prend la forme d'une patiente soumission aux châtiments que le pouvoir suprême est autorisé à infliger à celui qui néglige d'obéir aux ordres sans toutefois transgresser la loi. La notion d'obéissance passive, à l'encontre de l'obéissance active qui ne connaît d'autre autorité que celle du pouvoir civil, introduit la reconnaissance effective de l'autorité supérieure de la loi morale dans la vie de la cité. A défaut d'être vertu civique, l'obéissance passive sera – comme aime à le répéter Berkeley – un devoir moral « au sens le plus absolu, le plus nécessaire et le plus immuable ».

Telle est, semble-t-il, la raison pour laquelle Berkeley se livre, dans le *Discours*, à un assez long détour par l'analyse des préceptes moraux. La distinction entre préceptes moraux négatifs et préceptes moraux positifs fait valoir que seuls les premiers sont absolument impératifs sur le plan des principes : « Tu ne résisteras point au pouvoir suprême », « Tu ne te parjureras point », « Tu ne tueras point », etc. constituent autant de préceptes qui recommandent une pure et simple abstention ; on peut toujours *simultanément* s'abstenir de tuer son prochain, de mentir, de se rebeller, alors que l'application des préceptes positifs requiert prudence et discernement pour en apprécier la portée suivant les circonstances et que l'interférence toujours possible entre différents préceptes peut entraîner un conflit non seulement entre telle ou telle prescription positive, mais encore entre l'ordre donné et le for intérieur. Berkeley résume ainsi sa position :

> Il est très possible qu'un homme, en obéissant aux ordres de ses gouvernants légitimes, soit amené à transgresser une loi divine contraire à ces ordres ; mais un tel cas ne se présentera pas s'il se borne simplement, par acquit de conscience, à prendre son mal en patience et à ne pas résister [1].

Si l'on assimile les préceptes positifs aux injonctions du pouvoir civil et les préceptes négatifs aux exigences de la conscience morale (commodément consignées, selon Berkeley, dans les commandements divins), on verra que la doctrine de l'obéissance passive n'engage ici aucun militantisme actif, qu'il s'agit d'une doctrine purement négative où l'action politique est mesurée à l'aune du devoir moral. L'entreprise de politique rationnelle en appelle ainsi à la nécessité morale comme à son authentique fondement. La profondeur philosophique de l'analyse fournit une assise solide à l'écrit de circonstance motivé par les controverses politico-religieuses. Berkeley, nous l'avons dit, partage à peu de choses près les vues des Tories anglicans de l'après-Révolution ; mais son intervention, dans l'interminable polémique, est d'abord celle d'un

---

1. *Passive Obedience*, section 40.

philosophe. Si ce n'est pas uniquement à ce titre qu'elle est susceptible de retenir notre attention, c'est aussi ce qui autorise la double lecture de ce texte qui ne nous serait peut-être jamais parvenu si certains n'avaient trouvé à redire aux trois sermons de 1712.

Ne perdons pas de vue, toutefois, que le *Discours* s'adresse à de futurs citoyens, aux sujets, et qu'il traite de leur attitude vis-à-vis du pouvoir civil. Quant à l'art de gouverner, il s'agit là d'une tout autre affaire.

DE L'OBÉISSANCE PASSIVE

OU

DÉFENSE ET PREUVE DE LA DOCTRINE CHRÉTIENNE

DE NON-RÉSISTANCE AU POUVOIR SUPRÊME,

CONFORMÉMENT AUX PRINCIPES DE LA LOI DE LA NATURE.

Discours prononcé à la chapelle du Collège,
1712

La présente traduction de *Passive Obedience* a été faite d'après le texte établi par T.E. Jessop (*The Works of George Berkeley, Bishop of Cloyne*, Londres-Edimbourg, éd. Nelson, t. 6, 1953, pp. 15-46) conforme à la troisième édition de l'ouvrage (Londres, 1713).

Les notes de Berkeley sont appelées par des lettres et reproduites en bas de page. Les notes du traducteur, ainsi que les variantes, sont appelées par des chiffres.

Je tiens à remercier très chaleureusement mon collègue et ami Jacques Carré, Professeur de littérature anglaise à l'Université de Clermont II, qui a bien voulu relire le manuscrit de ma traduction, me suggérer nombre de modifications opportunes et m'éviter aussi quelques fâcheuses bévues.

Mes remerciements vont également au Centre National des Lettres qui, par l'octroi d'une allocation de traduction, m'a permis de mener à terme ce travail.

N.B. Cette nouvelle édition revue, corrigée et mise à jour, a connu, dans la traduction, quelques modifications de détail dont je suis redevable à Jean-Marie Beyssade qui, avec son coutumier souci de l'exactitude, m'avait amicalement et opportunément signalé certaines obscurités. Je me suis efforcé d'en tenir compte. Au demeurant, la question débattue dans le texte de Berkeley étant toujours forcément d'actualité – puisque d'aucun âge –, aucune raison ne s'imposait d'en dessiner les contours d'une autre manière que celle que proposait l'édition de 1983.

AU LECTEUR

Qu'on ne doit pas observer une totale obéissance passive vis-à-vis de n'importe quel pouvoir civil, mais que la soumission au gouvernement doit être mesurée et limitée par le bien commun de la société; que donc les sujets peuvent légitimement résister à l'autorité suprême dans les cas précis où le bien commun paraît clairement l'exiger; que dis-je! qu'il est du devoir des sujets de résister dans la mesure où ils se trouvent tous dans la nécessaire obligation de faire fleurir l'intérêt commun : – puisque ces idées et d'autres de la même farine, que je ne puis m'empêcher de juger pernicieuses pour le genre humain et contraires à la droite raison, ont été cultivées avec assiduité ces dernières années et placées sous l'éclairage le plus avantageux par de talentueux hommes de science, il a paru nécessaire d'armer contre elles les jeunes gens de notre Université et de veiller à ce qu'ils fassent leur entrée dans le monde fourbis de bons principes. Je n'entends point par là qu'ils doivent s'obstiner à entretenir des préjugés favorables à tel ou tel parti; mais ce que je veux dire, c'est qu'une connaissance précoce de leur devoir et de ses clairs fondement rationnels les amène à déterminer des pratiques telles que l'on puisse parler d'eux comme de bons chrétiens et de loyaux sujets.

J'ai, dans cette intention, prononcé voici quelques mois à la chapelle du Collège trois discours qui, ont estimé certains auditeurs, méritaient de toucher un public plus large; et, en vérité, les jugements erronés qui se sont répandus à leur sujet ont rendu l'entreprise nécessaire. En conséquence, c'est sous la forme d'un discours unique et complet que je livre à présent au public les trois discours.

En conclusion : puisque je me suis efforcé, en rédigeant ces pensées, de préserver cette disposition d'esprit calme et impartiale qui sied à tout homme qui recherche sincèrement la vérité, je souhaite de tout cœur qu'on puisse les lire avec la même disposition.

DE L'OBÉISSANCE PASSIVE

> « Celui qui résiste à l'autorité résiste
> à l'ordre que Dieu a établi ».
>
> (*Rom.*, XIII, 2)

1. Il n'est pas dans mon dessein d'enquêter sur la nature particulière du gouvernement et sur la constitution de ce royaume ; encore moins de prétendre décider des mérites des différents partis qui règnent actuellement sur l'État. Je déclare que ces questions n'entrent pas dans le cadre de ma réflexion[1], et la plupart des gens considéreront

---

1. En éludant d'entrée de jeu les questions de politique intérieure auxquelles il consacrera d'autres opuscules (en particulier, *An Essay towards preventing the ruin of Great Britain, A Discours addressed to Magistrates and Men in Authority*), Berkeley se situe d'emblée sur le plan des principes : il s'agit, comme l'indique la section 2 (mais le thème est repris tout au long du *Discours*), de traiter de l'attitude à observer vis-à-vis du pouvoir civil « wherever placed/lodged in any nation ». On pourra considérer qu'il y a là une mesure de prudence destinée à démarquer le propos des sermons des prises de position d'un Sacheverell, par exemple (cf. Présentation). Mais, comme l'entreprise a d'abord une portée pédagogique, il est assez naturel que

probablement qu'il est inopportun d'en traiter devant un auditoire presque entièrement composé de personnes jeunes, éloignées pour un temps des affaires et de l'agitation tapageuse du monde, afin de recevoir une instruction plus convenable en matière d'étude et de piété. Mais il n'est assurément nullement déplacé dans un tel lieu d'expliquer et d'inculquer toutes les branches de la loi de Nature, ces vertus et ces devoirs qui, sous la voûte céleste, sont l'objet d'une égale obligation dans tous les royaumes, dans toutes les sociétés humaines ; et je prétends que le devoir chrétien de non-résistance au pouvoir suprême contenu dans ma citation – « Celui qui résiste à l'autorité résiste à l'ordre que Dieu a établi » [2] – appartient à cette espèce. Dans l'examen de cette proposition, j'observerai la méthode suivante.

la reconnaissance de la nécessité du loyalisme passe par le détour de l'établissement raisonné et rationnel du principe de non-résistance modulé sur l'exploration systématique des diverses implications de la notion d'obéissance passive.

2. Texte de saint Paul (*Romains*, 13, 1-7) :

1 – « Que tout homme soit soumis aux autorités souveraines, car il n'est pas d'autorité qui ne vienne de Dieu, et celles qui existent ont été établies par Dieu. 2 – Ainsi, celui qui résiste à l'autorité résiste à l'ordre que Dieu a établi. Or ceux qui se révoltent attireront sur eux la condamnation. 3 – Les magistrats, en effet, sont à craindre non pour qui agit bien, mais pour qui agit mal. 4 – Veux-tu ne pas avoir à craindre l'autorité ? Fais le bien, et, tu recevras des éloges, car elle est pour toi ministre de Dieu pour le bien. Mais si tu fais le mal, crains, car ce n'est pas pour rien qu'elle porte le glaive : elle est, en effet, ministre de Dieu pour en assouvir la colère en châtiant celui qui fait le mal. 5 – D'où nécessité de se soumettre, non seulement par crainte de la colère, mais encore par devoir de conscience. 6 – C'est bien aussi pour le même motif que vous payez les impôts, car les magistrats sont fonctionnaires de Dieu en s'appliquant assidûment à cet office. 7 – Rendez à chacun ce qui lui est dû : à qui l'impôt, l'impôt ; à qui la taxe, la taxe ; à qui la crainte, la crainte ;

2. En premier lieu, je m'efforcerai de prouver qu'une non-résistance absolue et sans limite, une obéissance passive, sont dues au pouvoir civil suprême quel qu'en soit le dépositaire et dans quelque nation que ce soit. En second lieu, j'enquêterai sur les raisons et les fondements de l'opinion contraire. En troisième lieu, je considérerai les objections tirées des prétendues conséquences de la non-résistance au pouvoir suprême[3]. En traitant ces questions,

à qui l'honneur, l'honneur. » (trad. Tricot, in *La Sainte Bible* du Chanoine Crampon, éd. Desclée, 1952).

On se réfère traditionnellement à d'autres textes de l'Ancien et du Nouveau Testament (on en trouvera la liste complète *in* J.N. Figgis, *The divine right of kings*, 1896, rééd. Harper Torchbooks, New York, 1965, p. 7) ; parmi ceux-ci, on peut retenir comme particulièrement significatifs : « Par moi les rois règnent, et les princes décrètent ce qui est juste » (*Proverbes*, VIII, 15, trad. rev. par Bonsirven in *op. cit.*) ; « Que les vivants sachent que le Très-Haut a autorité sur la royauté humaine, qu'il la donne à qui il veut et qu'il y élève le dernier des hommes » (*Daniel*, IV, 14, trad. Bonsirven) ; « et il leur dit : "ainsi donc, rendez à César ce qui est à César et à Dieu ce qui est à Dieu" » (*Luc*, XX, 25, trad. Tricot, *op. cit.*) ; « Jésus répondit (à Pilate) : "Tu n'aurais sur moi aucun pouvoir, s'il ne t'avait été donné d'en haut. Aussi le péché de celui qui m'a livré à toi n'en est-il que plus grand" » (*Jean*, XIX, 11, trad. Tricot) ; « Pratiquez la soumission, à cause du Seigneur, à toutes les institutions humaines (…). Honorez tous les hommes, aimez vos frères, ayez la crainte de Dieu, honorez le roi » (1re Épître de Pierre, II, 13 et 17, trad. Tricot).

3. Plan du Discours : [d'après T.E. Jessop, in *Works* (L.J.), t. 6, p. 8-11].
    I. La non-résistance au pouvoir civil suprême est une obligation absolue (Sections 4-32).
        1. Le loyalisme est un devoir moral (Sections 4-25).
            a. La question de la fin morale (Sections 4-7).
            b. Les moyens de l'atteindre (Sections 8-14).
            c. Le loyalisme est une règle de raison (Sections 15-20).
            d. Trois objections contre le loyalisme comme devoir moral et les réponses aux objections (Sections 21-25).

mon intention n'est pas de me fonder sur l'autorité des Écritures Saintes, mais entièrement sur les principes de la raison communs à tout le genre humain ; et cela, parce qu'il existe quelques hommes fort judicieux et fort instruits qui, vraiment convaincus qu'une complète soumission passive à un pouvoir terrestre est contraire à la droite raison, ne peuvent jamais se résoudre à admettre cette interprétation des Écritures Saintes (pourtant naturelle et évidente d'après le texte) que fera sienne une partie de la religion chrétienne, interprétation qui leur semble en soi manifestement absurde et susceptible de détruire les droits originels inhérents à la nature humaine[4].

3. Il n'entre pas dans mon propos de traiter de cette soumission que, soit par devoir soit par prudence, l'on est tenu d'observer vis-à-vis des pouvoir inférieurs, autrement dit des pouvoirs exécutifs ; je n'examinerai pas non plus où et dans quelles personnes se loge le pouvoir suprême, autrement dit le pouvoir législatif, dans tel ou tel gouver-

---

4. L'entreprise est délibérément *rationnelle*. Il s'agit de lutter sur le terrain de l'adversaire, en évitant de recourir directement à l'autorité de la parole révélée. Le choix de la voie rationnelle n'exclut pas le caractère intangible de la révélation ; Berkeley se contente de mettre ici la révélation entre parenthèses. Il affirmera, dans un sermon de 1751, *On the Will of God*, que « la volonté de Dieu se manifeste à nous de deux manières : par la lumière de la raison et par la révélation » (*Works* (L.J.), t. 7, p. 130, l. 4-5) ; il y aurait « antérieurement à toute déduction rationnelle, une conscience naturelle, un sentiment intime implanté dans l'âme de tout homme, car rien n'est plus naturel à notre esprit que le dégoût, l'inquiétude et le remords qui accompagnent les mauvaises actions, et d'un autre côté, la joie et la satisfaction qui sont, pour les bonnes actions, une récompense et un encouragement constant » (*ibid.*, l. 20-26). Cette « conscience naturelle » serait plutôt liée à l'idée de raison conçue comme vision de l'esprit, comme appréhension immédiate ; elle serait équivalente à l'idée de « lumière naturelle » à laquelle Berkeley fait allusion dans la Section 6 de *Passive Obedience*. Le concept de raison recouvrirait donc à la fois la déduction rationnelle (l'acte de raisonner) et l'évidence qui fonde la déduction. Sur raison et révélation, cf. également *The Will of God* (*ibid.*, p. 131, l. 23-26), le sermon du 18 février 1732 (*Sermon before the Society for the propagation of Gospel, Works* (L.J.), t. 7, p. 116), *Alciphron*, VI, 19.

nement. Je supposerai seulement admis que se trouve déposé quelque part, dans toute communauté civile, un pouvoir suprême qui fait les lois et contraint à leur observation. La mise en œuvre de ces lois, que ce soit par l'exécution ponctuelle de ce qui y est prescrit ou – lorsque cette exécution se révèle incompatible avec la raison ou la conscience – par une stricte soumission à tous les châtiments que le pouvoir suprême a attachés à la négligence ou à la transgression des lois, est appelé *loyalisme;* de même, en revanche, le fait de recourir à la force et à la violence ouverte, que ce soit pour s'opposer à l'exécution des lois ou pour parer aux châtiments fixés par le pouvoir suprême, est à juste titre nommé *rébellion.*

Or, pour rendre évident le fait que tout degré de rébellion est criminel chez un sujet, je m'efforcerai, en un premier temps, de prouver que le loyalisme est un devoir naturel et moral et que le manque de loyalisme, ou rébellion, est, dans le sens le plus strict et le plus exact, un vice, une infraction à la loi de nature. En un second temps, je me propose de montrer que les interdictions du vice, c'est-à-dire les préceptes négatifs de la loi de nature, du genre « Tu ne commettras point l'adultère », « Tu ne te parjureras point »[5], « Tu ne résisteras point au pouvoir suprême », et autres semblables, doivent être pris dans le sens le plus absolu, le plus nécessaire et le plus immuable : de sorte que ni l'acquisition du plus grand bien, ni la délivrance du plus grand mal, susceptibles de toucher un individu ou un

---

5. Ce thème sera traité dans *Advice to the Tories who have taken the Oaths* (1715), *Works* (L.J.), t. 6, p. 53-59 (Cf. Présentation).

groupe d'individus sur cette terre, ne sauraient justifier la moindre violation de ces préceptes.

Tout d'abord donc, il me faut montrer que le loyalisme est un devoir moral et que le manque de loyalisme, ou rébellion, est, au sens le plus strict et le plus exact, un vice, une infraction à la loi de nature[6].

4. Bien que tous les sages soient d'accord sur ce point : il existe des règles morales déterminées, ou lois de nature, qui s'accompagnent d'une obligation éternelle et nécessaire, les opinions divergent cependant sur le chapitre des voies à emprunter pour la découverte de ces lois et la manière de les distinguer de ces autres lois qui dépendent de l'humeur et du jugement des hommes. Certains nous invitent à les rechercher dans les idées divines ; d'autres dans les inscriptions naturelles gravées dans l'esprit ; certains les font dériver de l'autorité des savants, ainsi que du consentement universel et de l'accord des nations. D'autres, enfin, tiennent qu'elles ne peuvent être découvertes que par les déductions de la raison[7]. On doit reconnaître que les trois

6. Thème développé dans les Sections 4-25.
7. On s'accorde généralement à considérer que la première « opinion » vise Malebranche, la seconde la théorie des *notiones communes* de Herbert de Cherbury dans le *De Veritate* (1624) (Cf. N. Baladi, *La pensée religieuse de Berkeley et l'unité de sa philosophie*, Le Caire, Imprimerie de l'Institut français d'archéologie orientale, 1945, p. 155, n. 2). Si la troisième « opinion » ne vise personne en particulier (selon Baladi), du moins peut-on considérer qu'elle fait allusion à un style de pensée qui évoque, quant à la paternité, Aristote et Cicéron, mais que l'on retrouve également chez Herbert de Cherbury (cf. aussi *Alciphron*, I, 14). La dernière voie désigne, bien sûr, la méthode que Berkeley prétend mettre en œuvre dans le *Discours*. Une tout

premières voies sont en proie à de grandes difficultés ; quant
à la dernière, elle n'a nulle part, à ma connaissance, été
expliquée clairement, ni traitée avec toute la minutie que
mérite l'importance du sujet. J'espère donc que l'on nous
pardonnera si, dans un discours sur l'obéissance passive
destiné à établir plus solidement le fondement de ce devoir,
nous nous livrons à quelque recherche sur l'origine, la
nature et l'obligation des devoirs moraux en général, ainsi
que sur les critères qui nous les font connaître [8].

    5. Comme l'amour de soi [9] est, de tous les principes, le
plus universel et le plus profondément gravé dans nos

---

autre théorie, « biologique » celle-là, issue du *Panthéisticon* de Toland, sera
discutée plus tard dans l'*Alciphron*, II, 21, 22, 23.
    8. Sections 5-14.
    9. Sur l'amour de soi, cf. le texte inchangé du Sermon IV, prononcé en
1714, *On the mission of Christ* (*Works* (L.J.), t. 7, p. 48, n. 1 – variante du
manuscrit) et du Sermon VI, prononcé le 12 septembre 1731, *On the Mystery
of Godliness* (*Works* (L.J.), t. 7, p. 90-91) : « Chacun sait que le principe qui
domine dans la nature humaine est l'amour de soi. Sous la direction d'une
raison bien informée, ce principe devrait nous mettre sur la route qui conduit
réellement au bonheur ; mais c'est un principe aveugle qui se mêle à nos
passions et qui flatte la jouissance que l'on retire de la facilité et du plaisir. Il
est bien trop prompt, sur de minces indices, à exalter nos espérances et à
diminuer nos craintes, à interpréter toute chose en notre faveur, à rendre nos
obligations plus faciles et moins contraignantes, à déformer les promesses et
les engagements d'autrui suivant nos propres visées, en forçant leur
signification et leur intention véritable. De là vient qu'à toutes les époques,
les hommes ont été enclins à se méprendre sur les miséricordieuses promesses, sur les conventions, sur les décrets divins dispensés à l'humanité, même
s'ils ont été clairement et explicitement révélés. C'est ainsi qu'on rencontra,
aux premiers temps du christianisme, ceux qui comprenaient la liberté selon
l'évangile comme une dispense de toute obéissance vis-à-vis des lois morales
et des institutions civiles de leur pays ». Cf. aussi Sermon III, *On Charity*, du
printemps 1714 (*Works* (L.J.), t. 7, p. 33, l. 20-35) ; *Commonplace Book*,

cœurs, il nous est naturel de considérer les choses suivant leur convenance à accroître ou à diminuer notre propre bonheur ; et nous les appelons en conséquence *bonnes* ou *mauvaises*. Notre jugement s'emploie toujours à distinguer entre les deux, et c'est toute l'affaire de notre vie que d'essayer, par une application convenable de nos facultés, de nous procurer l'un et d'éviter l'autre [10]. Dès notre venue au monde, nous sommes entièrement guidés par les impressions des sens ; car le plaisir sensible est la caractéristique infaillible du bien présent, comme la douleur l'est du mal [11]. Mais, par degrés, au fur et à mesure que nous nous familiarisons avec la nature des choses, l'expérience nous informe qu'un bien présent est souvent suivi d'un plus grand mal ; et, d'autre part, qu'un mal présent n'est pas moins fréquemment l'occasion qui nous procure par la suite un plus grand bien [12]. En outre, lorsque les facultés les plus nobles de l'âme humaine commencent à se manifester, elles nous découvrent des biens qui l'emportent de loin en excellence sur ceux qui touchent les sens [13]. Par

n° 867 (*Philosophical Commentaries*, suivant l'édition d'A.A. Luce, n° 851, in *Works* (L.J.), t. 1, 1948, p. 101).

10. Le début de la Section (« Comme l'amour de soi… d'éviter l'autre ») ne se trouve pas dans le manuscrit.

11. Cf. *Commonplace Book*, n° 791, 792 (*Phil. Com.*, n° 769, 773) ; *Alciphron*, II, 13.

12. Cf. *Principles of Human Knowledge*, I, sect. 152-153. Pour une reprise ironique du principe, à partir de Mandeville, cf. Alciphron, I, 1.

13. Sur l'échelle des plaisirs, cf. *Commonplace Book*, n° 868 (*Phil. Com.*, n° 852) ; « Guardian », Essai IV, *Pleasures* (*Works* (L.J.), t. 7, p. 193-197 ; trad. J. Pucelle in *Berkeley ou l'itinéraire de l'âme à Dieu*, Paris, Seghers, 1967, p. 103-107) ; « Guardian », Essai V, *The Sanctions of Religion* (Works (L.J.), t. 7, p. 200) ; « Guardian », Essai VI, *Public Schools and*

suite un changement s'introduit dans nos jugements : nous n'obéissons plus aux premières sollicitations des sens, mais nous marquons un temps d'arrêt pour considérer les conséquences lointaines d'une action – quel bien nous pouvons en espérer ou quel mal nous pouvons en redouter – d'après le cours habituel des choses. Ceci nous oblige fréquemment à faire peu de cas des jouissances présentes et passagères, quand elles entrent en compétition avec des biens plus grands et plus durables, encore que trop éloignés et d'une nature trop raffinée pour toucher nos sens [14].

6. Mais, puisque la terre entière, ainsi que la durée totale des choses périssables qu'elle contient, sont tout à fait insignifiantes, qu'elles sont, suivant le style expressif du prophète, « moins que rien » en regard de l'éternité [15], qui ne voit que tout homme raisonnable a le devoir de régler ses actions de telle manière qu'elles puissent

---

Universities (*Works* (L.J.), t. 7, p. 203, l. 34-41) à rapprocher de l'*Alciphron*, II, 14 ; « Guardian », Essai IX, *Happiness* (*Works* (L.J.), t. 7, p. 214, l. 1-19 et p. 216, l. 11-34) ; Sermon I, de janvier 1707-1708, *On Immortality* (*Works* (L.J.), t. 7, p. 11, l. 17-31) ; *Siris*, sect. 264, 294.

14. Suite dans le Manuscrit : « Et au fur et à mesure que les (mot illisible) des sens s'affaiblissent et que ceux de la raison se cultivent et mûrissent, notre champ de vision s'élargit proportionnellement, car les avantages lointains deviennent plus proches à notre esprit et sont perçus à leur juste dimension. Telle est la victoire de la raison sur les sens ; et c'est la seule chose qui rendent nos choix sages et irréversibles. Voilà ce qui, finalement, justifie le blâme que l'on adresse à la chair et au sang, l'abnégation de soi et les mortifications qui semblent tout à fait absurdes et contre nature à certains esprits étroits dotés d'une vue courte ».

15. Cf. *Isaïe*, XL, 17 : « Toutes les nations sont comme rien devant lui ; il les tient pour moins que rien et néant » (*La Sainte Bible*, éd. citée, trad. Bonsirven, p. 897).

contribuer le plus efficacement possible à favoriser son intérêt éternel[16]? Et, puisque c'est une vérité évidente par la lumière naturelle[17] qu'il y a un Esprit souverain omniscient qui seul peut nous rendre à jamais heureux ou misérable, il s'ensuit avec clarté que la seule règle qui doit gouverner et régir les actions de tout homme mettant en pratique les principes de la raison, c'est la soumission à Sa volonté et non la perspective d'un avantage temporel. La même conclusion résulte encore à l'évidence de la relation que Dieu entretient avec ses créatures. Dieu seul crée et conserve toutes choses. Il est donc, avec le droit le plus incontestable, le grand législateur du monde ; et le genre humain, par tous les liens du devoir non moins que par intérêt, est obligé d'obéir à Ses lois[18].

7. Il s'ensuit que nous devons, par-dessus tout, tenter de dépister la volonté divine et le dessein général de la Providence à l'égard du genre humain, ainsi que les voies qui tendent le plus directement à la réalisation de ce dessein ; tel est, semble-t-il, le vrai et bon chemin pour la découverte des lois de nature[19]. Car, puisque les lois sont des règles qui

16. Cf. Sermon III, de 1714, *On Charity* (*Works* (L.J.), t. 7, p. 34, l. 2-9).
17. Cf. Sermon X, *On the Will of God* (*Works* (L.J.), t. 7, p. 130).
18. La fin de la Section (« La même conclusion… d'obéir à Ses lois ») ne se trouve pas dans le manuscrit.
19. Interpolation dans le manuscrit : « Or, on ne peut déduire la volonté de Dieu autrement qu'à partir de la considération de ses attributs et du rapport qu'il entretient avec ses créatures, à quoi il faut joindre une vue d'ensemble de la nature humaine, le fonctionnement visible de la Providence dans le gouvernement du monde, les divers liens et les relations mutuelles qu'entretiennent les hommes entre eux, au même titre que la structure, le gouvernement et l'agencement du système visible des êtres ainsi que la manière dont la nature

dirigent nos actions vers la fin voulue par le législateur, nous devons d'abord, pour parvenir à la connaissance des lois de Dieu, rechercher quelle fin Il propose à l'exercice des actions humaines[20]. Or, puisque Dieu est un être d'une infinie bonté, il est clair que la fin qu'Il propose, c'est le bien. Mais, comme Dieu jouit Lui-même de toute la perfection possible, il s'ensuit qu'il ne s'agit pas de Son bien propre, mais du bien de Ses créatures. De plus, les actions morales des hommes sont entièrement bornées à eux-mêmes, si bien qu'elles n'ont aucune influence sur les autres catégories d'intelligences et de créatures raisonnables; par conséquent, la fin qu'elles doivent obtenir ne peut être autre chose que le bien des hommes. Mais, puisque rien dans l'état de nature ne peut donner droit, pour celui-ci plutôt que pour celui-là, à la faveur divine, si ce n'est la seule bonté morale; et puisque celle-ci, qui consiste en la conformité aux lois de Dieu, présuppose l'existence de telles lois, et qu'une loi suppose toujours une fin vers laquelle elle guide nos actions, il s'ensuit qu'on ne peut concevoir de distinction entre les hommes qui soit antérieure à la fin proposée par Dieu; par conséquent, cette fin elle-même, ce dessein général de la Providence, n'est ni déterminé ni limité par aucune considération de personne. Ce n'est donc pas le bien particulier de tel ou tel individu, de telle ou telle nation, de telle ou telle époque, mais le bien-être général de tous les hommes, de toutes les nations,

humaine en dépend à plus d'un titre et les intérêts, les passions et les inclinations fort différents qui en surgissent ».

20. Moyens pour parvenir à cette connaissance, cf. Sermon IX, *Sermon before S.P.G.* (*Works* (L.J.), t. 7, p. 116).

de toutes les époques du monde que, d'après le dessein de Dieu, doivent obtenir les actions conjuguées de tous les individus[21].

Ayant ainsi découvert la fin sublime à laquelle sont subordonnées toutes les obligations morales, il nous reste à rechercher quels sont les moyens nécessaires pour l'obtention de cette fin.

8. Le bien-être de l'humanité doit nécessairement être poursuivi par l'une des deux voies suivantes. Ou bien, en premier lieu, sans faire appel à des règles morales universelles déterminées, obliger seulement chacun, dans chaque occasion particulière, à considérer le bien commun et à toujours faire ce qui lui paraîtra, dans les circonstances et le moment présents, y conduire le mieux. Ou bien, en second lieu, prescrire l'observation de certaines lois déterminées et établies qui, si elles sont universellement mises en pratique, ont, par la nature des choses, une aptitude essentielle à produire le bien-être de l'humanité ; même si, dans le détail de leur application, elles sont parfois, en raison d'accidents malencontreux ou du dérèglement pervers des volontés humaines, l'occasion de grandes souffrances et de grands malheurs pour, peut-être, bon nombre d'hommes de bien.

---

21. Cf. *On the Will of God*, *Works* (L.J.), t. 7, p. 130, l. 9-14 : « Puisque Dieu est notre père à tous, il en résulte qu'il ne peut être dans son intention que chacun de nous cherche à favoriser son intérêt personnel au détriment de son prochain ; la conduite, le comportement qui lui est agréable au plus haut point est celui qui tend à obtenir le bien-être général de l'humanité ». Cf. également *Alciphron*, I, 16. De là, découle le devoir de charité : cf. *On the Will of God*, *ibid.*, p. 132, l. 32-40 ; p. 133, l. 1-15 ; et le Sermon III, *On Charity*, *Works* (L.J.), t. 7, p. 27-39.

Contre la première de ces méthodes se dressent plusieurs objections fort solides. Pour être bref, j'en signalerai seulement deux.

9. Premièrement, il s'ensuivra que les hommes les meilleurs, par manque de jugement, et les plus sages, faute de connaître toutes les circonstances et toutes les suites cachées d'une action, peuvent être très souvent embarrassés sur la conduite à tenir; ils ne le seraient pas s'ils jugeaient de chaque action par comparaison avec un précepte particulier plutôt que par l'examen du bien ou du mal que, dans ce cas isolé, l'action tend à occasionner; vu qu'il est beaucoup plus facile de juger avec certitude si telle ou telle action est une transgression de tel ou tel précepte, plutôt que de juger si les suites en seront plutôt bonnes ou plutôt mauvaises. Bref, il est impossible de calculer les incidences de chaque action particulière; et si c'était possible, cela prendrait cependant trop de temps pour être de quelque utilité dans la vie courante.

Deuxièmement, si l'on suit cette méthode, il en résultera que nous ne pourrons détenir aucune norme infaillible permettant, par comparaison, de décider si les actions d'autrui sont bonnes ou mauvaises, si ce sont des vertus ou des vices. Car, puisqu'on admet que la mesure et la règle des actions de tout honnête homme ne sont autres que sa propre opinion personnelle et désintéressée sur ce qui est le plus favorable au bien commun dans la conjoncture présente, et puisque cette opinion doit inévitablement être très différente chez des hommes différents, selon leurs vues particulières et suivant les circonstances, il est impossible de savoir si un seul cas de parricide ou de parjure, par exemple, est criminel. L'homme a pu avoir ses raisons ; et ce qui pour moi eût été un péché abominable peut être pour lui un devoir. La règle particulière de chaque homme est ensevelie dans son for intérieur, invisible à tous sauf à lui-même, seul donc à pouvoir dire s'il l'observe ou non. Et puisque cette règle est adaptée aux circonstances particulières, elle doit toujours varier avec celles-ci : par suite, elle varie non seulement suivant les individus, mais encore chez un seul et même individu suivant les moments [22].

10. Il résulte de tout cela que les actions des honnêtes gens ne peuvent ni s'harmoniser ni concorder, que manifestement aucun individu ne peut demeurer stable ni en accord avec lui-même, qu'il ne peut y avoir nulle adhésion à des principes : on peut condamner les meilleurs actions et accueillir les plus viles avec des louanges [23]. En un mot, il

---

22. Ce comportement normal, dès l'instant qu'il est érigé en règle de conduite, devient dangereux pour la communauté et se lie tout naturellement à l'athéisme. Cf. *An Essay towards preventing the ruin of Great Britain* : « Un esprit étroit et athée, en concentrant tous nos soins sur l'intérêt personnel et en ramenant tous nos espoirs à la jouissance de la vie présente, conduit par là même à négliger nos devoirs envers Dieu et envers notre pays » (*Works* (F), t. 3, p. 205). Cf. également *Maxims concerning Patriotism*, n° 27 (*Works* (F), t. 3, p. 456). Telle sera l'attitude du libre penseur décrite dans l'*Alciphron*, II, 25. À noter qu'un grief analogue est retenu par Hobbes dans le recensement des choses qui affaiblissent la république (cf. *Léviathan*, chap. 29, trad. Tricaud, Paris, éd. Sirey, 1971, p. 345).

23. Cf. *On the Will of God* : « Là où chaque individu est gouverné par son propre vouloir, se consacre à son intérêt personnel (…), une telle conduite ne peut rien produire d'autre que désordre public et misère privée. De là vient que toutes les sociétés politiques ont estimé nécessaire d'obliger chaque individu à conformer son existence civile et ses actes à la volonté, aux décrets

s'ensuit la plus effroyable confusion qu'on puisse imaginer entre le vice et la vertu, entre le péché et le devoir. Il en résulte donc que la fin éminente pour laquelle Dieu requiert le concours des actions humaines doit nécessairement être poursuivie à travers la seconde méthode proposée, à savoir par l'observation de règles certaines, universelles, déterminées, et de préceptes moraux qui, par leur nature propre, tendent nécessairement à favoriser le bien-être de l'humanité dans sa totalité, toutes nations et toutes époques comprises, depuis le commencement jusqu'à la fin du monde.

11. Par suite, si l'on prend une vue d'ensemble équilibrée de la nature générale, des passions, des intérêts et des rapports mutuels des hommes, toute proposition pratique qui, pour la droite raison, paraît à l'évidence avoir une connexion nécessaire avec le bien-être universel qu'elle porte en elle, doit être considérée comme une prescription voulue par Dieu[24]. Car, qui veut la fin veut les moyens nécessaires pour conduire à cette fin ; or, on a montré que Dieu voulait que le bien-être universel de l'humanité fût encouragé par le concours de tous les individus ; donc, toute proposition pratique de cet ordre qui tend nécessairement à cette fin doit être considérée comme un décret de Dieu, et c'est en conséquence une loi pour les hommes[25].

---

de la communauté, plutôt que de l'abandonner à la gouverne de son propre plaisir » (*Works* (L.J.), t. 7, p. 131, l. 32-38).

24. Cf. *On the Will of God*, *ibid.*, p. 132-133.

25. Suite dans le manuscrit : « Même s'il demeure possible à jamais que le fait qu'elles soient mises en pratique seulement par quelques-uns soit

12. Ces propositions s'appellent « lois de nature » parce qu'elles sont universelles et qu'elles tirent leur obligation non pas d'une sanction civile, mais immédiatement de l'Auteur de la nature lui-même. On dit qu'elles sont « imprimées dans l'esprit », « ou gravées sur les tables du cœur » [26], parce qu'elles sont bien connues des hommes et qu'elles sont inspirées et dictées par la conscience. Enfin, on les désigne comme « règles éternelles de la raison », parce qu'elles résultent nécessairement de la nature des choses et qu'elles peuvent se démontrer par les déductions infaillibles de la raison [27].

13. Et, en dépit du fait que ces règles deviennent trop souvent, soit par un malheureux concours de circonstances, soit plus particulièrement par la malignité des pervers qui ne veulent pas s'y conformer, des causes accidentelles de malheur pour les honnêtes gens qui, eux, s'y conforment [28], leur obligation n'est pas pour autant annulée : on doit toujours les considérer comme les normes fixes et immuables du bien et du mal en morale; ni l'intérêt privé, ni l'affection pour des amis, ni la prise en compte du bien commun ne devraient nous en écarter. Par suite, lorsque surgit un doute sur la moralité d'une action, il est clair qu'on ne peut en décider par l'estimation du bien commun

l'occasion d'autant de mal que de bien, à l'encontre de ce qui se passerait si chacun les mettait toutes en pratique ».

26. Cf. *Jérémie*, I, 17 : « Le péché de Judas est écrit avec un stylet de fer, avec une pointe de diamant, il est gravé sur la table de leurs cœurs » (éd. citée, p. 946).

27. Cf. *On the Will of God*, p. 130, l. 20-26. Cf. note 2 de la Section 2.

28. Cf. *Alciphron*, IV, 24 ; V, 16 ; VII, 25.

qui, dans ce cas particulier, devrait en résulter, mais seulement par sa confrontation avec la loi éternelle de la raison. Celui qui ajuste ses actions d'après cette règle ne peut jamais mal faire, même s'il devait du même coup se condamner à la pauvreté, à la mort ou à la disgrâce : et quand bien même il devrait entraîner sa famille, ses amis, son pays dans tous ces maux que l'on considère comme les plus grands et les plus intolérables pour la nature humaine. Une sensibilité délicate, un caractère bienveillant sont souvent les motifs des meilleures et des plus grandes actions ; mais nous ne devons pas en faire la seule règle de nos actions : ce sont des passions enracinées dans notre nature et, comme toutes les autres passions, elles doivent être contenues et maîtrisées, faute de quoi elles nous entraîneraient peut-être bien à d'aussi grandes monstruosités que tout autre appétit effréné. Bien mieux, elles sont plus dangereuses que les autres passions, dans la mesure où elles sont plus séduisantes et capables d'éblouir et de corrompre l'esprit sous l'apparence de la bonté et de la générosité [29].

14. Pour éclairer ce qui a été dit, il ne sera pas mauvais de détourner nos regards du monde moral vers le monde naturel : *Homo ortus est* (dit Balbus dans Cicéron) *ad mundum contemplandum et imitandum* [30]. Et, assurément,

---

29. Cf. *Alciphron*, III, 5 et la critique de la théorie shaftesburyenne du « sens moral ».

30. Cicéron, *De natura deorum*, II, XIV, 37 : « Quant à l'homme, il est né pour contempler et pour imiter le monde ; il n'est pas l'être parfait, mais il est une petite portion de l'être parfait » (trad. Bréhier-Aubenque, in *Les Stoïciens*, Paris, Gallimard, Pléiade, 1962, p. 422). Cf. *On the Will of God*,

il n'est pas possible pour des agents libres et intelligents de se proposer un plus noble modèle à imiter que la nature, laquelle n'est rien d'autre qu'une suite d'actions libres produites par l'Agent le meilleur et le plus sage[31]. Or, il est évident que ces actions ne sont pas ajustées à des vues particulières mais qu'elles sont toutes conformes à des règles générales déterminées que les philosophes recueillent à partir de leurs observations et qu'ils nomment lois de nature[32]. Et en vérité ces lois conviennent parfaitement à la promotion du bien-être général de la création[33]; or, par suite de combinaisons fortuites d'événements et par suite des mouvements volontaires des êtres animés, il arrive souvent que le bien naturel, non seulement celui des

p. 136, l. 4-5 : « la perfection et la fin de notre être est d'imiter notre grand créateur ».

31. C'est le thème même de la *Nouvelle théorie de la vision* : il n'existe aucune nécessité de relation entre le signe et le signifié ; son institution relève d'une volonté libre. En règle générale, la nature – l'univers matériel – est d'abord une série de phénomènes dont l'ordre uniforme de coexistence et de succession exprime la raison et la volonté suprêmes. Cf. *Alciphron*, IV, 10, où Euphranor évoque le langage imposé arbitrairement par la Providence « tout comme les mots suggèrent les choses qu'ils signifient » ; et *Principles*, I, sect. 107. On retrouve l'analogie in *Principles*, I, sect. 65-66 ; *The Theory of vision vindicated and explained*, sect. 40 ; *Siris*, sect. 254 ; mais cette liste n'est nullement limitative ; le thème se rencontre pratiquement dans toutes les œuvres de Berkeley. Sur la notion d'analogie, cf. *Alciphron*, IV, 21.

32. Cf. par exemple, *Principles*, I, sect. 30-32 ; *Alciphron*, IV, 5. Voir l'objection d'Alciphron (in *Alciphron*, IV, 12) : comment concilier l'arbitraire (du langage) et le nécessaire (des lois)?, et la réponse ébauchée in *A new theory of vision*, sect. 147. On notera que, pour Berkeley, l'ordre est d'abord vu, senti (cf. « Guardian », Essai I, *The Future State*, *Works* (L.J.), t. 7, p. 181, l. 7-15 ; cf. également le début de la Section 28 de *Passive Obedience*).

33. Cf. *Alciphron*, III, 10-11.

individus, mais encore celui des cités et de nations entières, serait plus favorisé par une suspension ponctuelle ou par un bouleversement de ces lois que par leur stricte observation. Cependant, malgré tout, la nature suit toujours son cours ; mieux ! il est clair que pestes, famines, inondations, tremblements de terre ainsi qu'une infinie diversité de souffrances et de peines, en un mot, les calamités publiques et privées de toutes sortes, proviennent en réalité de l'observation uniforme et constante des lois générales qui ont été établies une fois pour toutes par l'Auteur de la nature et qu'Il ne veut ni changer ni détourner pour l'une quelconque de ces raisons, quelque sage et bienveillante que pourrait sembler cette manière d'agir au jugement des insensés. Quant aux miracles rapportés dans l'Écriture, ils ont toujours été accomplis pour confirmer une doctrine ou une mission reçue de Dieu, et non à cause des biens naturels particuliers, comme la santé ou la vie, que certains auraient pu en retirer[34]. A partir de tout cela, il semble suffisamment clair que nous ne pouvons hésiter sur le chemin à emprunter, dès l'instant que nous pensons que les voies propres de Dieu sont les plus appropriées à la réalisation de Ses fins et que c'est notre devoir de les copier, autant que le permet la fragilité de notre nature.

34. Le passage : « Quant aux miracles… en retirer » ne se trouve pas dans le manuscrit. Sur la question du miracle, cf. *Principles*, I, sect. 63 ; *Alciphron*, VI, 30. Le miracle est l'éclatante manifestation de l'arbitraire divin en même temps que de sa bonté.

15. C'est sur le plan général qu'il a été question jusqu'ici de la nature et de la nécessité des règles morales ainsi que du critère ou du signe qui peut les faire connaître.

Quant aux règles particulières, on peut, d'après ce qui précède, déduire sans trop de difficultés les plus importantes d'entre elles. On a montré que la loi de nature constitue un système de règles et de préceptes tels que s'ils sont observés dans leur totalité, en tout temps, en tout lieu et par tous, il favoriseront nécessairement le bien-être du genre humain, si tant est que l'on puisse l'atteindre à travers des actions humaines. Or, que celui qui jouit de l'usage de la raison jette seulement un regard neutre sur l'agencement général de la nature humaine et sur les circonstances qui l'accompagnent, et il lui apparaîtra clairement que l'observation constante de la vérité, par exemple, de la justice et de la chasteté, est nécessairement liée au bien-être universel, qu'il faut donc les considérer comme des vertus, comme des devoirs, et que les propositions : « Tu ne te parjureras point », « Tu ne commettras point l'adultère », « Tu ne voleras point », sont autant de règles morales immuables dont la plus légère infraction constitue un vice, un péché. J'affirme que l'accord de ces propositions pratiques particulières avec la définition ou le critère précédemment exposé résulte si clairement de la nature des choses que ce serait une digression superflue que de développer ici ce point.

Et c'est à partir du même principe et par un raisonnement tout à fait identique qu'il s'ensuit que le loyalisme est une vertu morale et que la proposition « Tu ne résisteras point au pouvoir suprême » est une règle, une loi de nature,

dont la plus légère infraction porte en elle la souillure
propre à la turpitude morale.

16. On peut aisément se représenter la condition
misérable inséparable de l'état d'anarchie[35]. L'intel-
ligence et la force d'un homme seul sont si insuffisantes,
que ce soit pour éviter les maux ou pour se procurer les
bienfaits de l'existence, et, de plus, les volontés des divers
individus sont tellement portées à se contredire et à se
contrarier mutuellement, qu'il est absolument nécessaire
que plusieurs puissances indépendantes s'unissent ensemble sous la direction (si je puis m'exprimer ainsi) d'une
seule et même volonté, je veux dire la loi de la société. Sans
elle, point d'état policé, point d'ordre, point de paix parmi
les hommes ; sans elle, le monde n'est qu'un immense
amas de misère et de désordre ; le fort comme le faible, le
sage comme l'insensé, sont exposés de tous côtés à toutes
les calamités auxquelles l'homme peut être sujet dans un
état où la seule sécurité réside dans le fait de ne rien
posséder qui fasse naître l'envie ou le désir chez autrui :
état encore plus inacceptable que celui des bêtes,
puisqu'une créature raisonnable possède une aptitude
supérieure à la leur et de réflexion et de prévision des souffrances[36]. Il résulte clairement de tout ceci que le

35. Description de l'état de nature assez conforme à celle de Hobbes ; ce
dernier utilise d'ailleurs le mot « misery » dans le titre même du chapitre 13
du *Léviathan*.
36. Cf. *Alciphron*, II, 14. Cf. Également « Guardian », Essai IX,
Happiness, *Works* (L.J.), t. 7, p. 214, l. 4-8 : « Puisque l'esprit humain est doté
d'une faculté plus étendue que celle que l'on peut trouver chez les animaux

loyalisme, c'est-à-dire la soumission à l'autorité civile suprême, si elle est universellement mise en pratique conjointement avec les autres vertus, est nécessairement liée au bien-être de la totalité du genre humain; il en résulte, par voie de conséquence, que si le critère que nous avons établi est exact, le loyalisme constitue, à strictement parler, un devoir moral, une branche de la religion naturelle. Ainsi donc, la moindre velléité de rébellion est, au sens le plus rigoureux et le plus propre du terme, un péché; non seulement chez les Chrétiens, mais aussi chez ceux qui ont pour seul guide la lumière de la raison [37]. Mieux ! Grâce à un examen complet et impartial, cette soumission apparaîtra, je pense, comme l'une des toutes premières et fondamentales lois de nature; d'autant plus que c'est bien le gouvernement civil qui fixe et délimite les diverses relations entre les hommes et qui réglemente la propriété, jetant par là les fondations et fournissant un champ d'action pour l'exercice de tous les autres devoirs. Et, en vérité, quiconque observe la condition humaine aura bien du mal à imaginer comme possible l'établissement, dans la nudité et la désolation de l'état de nature, de la pratique d'une quelconque vertu morale.

17. Mais, puisqu'on doit reconnaître que nos actions n'entrent pas dans tous les cas à l'intérieur du cadre de règles morales déterminées et bien arrêtées, il est encore possible de se demander si l'obéissance au pouvoir

inférieurs, il est naturel à l'homme non seulement d'avoir un œil sur son propre bonheur, mais encore de s'efforcer de favoriser celui des autres ».
37. Cf. *Alciphron*, VII, 28.

suprême n'est pas un de ces cas d'exception et si, en conséquence, on ne doit pas en confier la direction à la sagesse et
à l'appréciation de chaque individu particulier plutôt que
de l'ajuster à la règle de l'absolue non-résistance. Je
m'efforcerai donc de rendre encore plus clair le fait que la
proposition « Tu ne résisteras point au pouvoir suprême »
est un précepte moral incontestable, ainsi qu'il apparaîtra à
partir des considérations suivantes.

En premier lieu donc, la soumission au gouvernement
est une question d'une importance suffisante pour que ce
soit une règle morale qui l'établisse. Les choses d'un
intérêt insignifiant et négligeable ne sont pas, pour cette
raison même, soumises aux règles morales. Mais on ne
peut sûrement pas considérer que le gouvernement, dont
dépendent au premier chef la paix, l'ordre et le bien-être de
l'humanité, est d'une trop faible importance pour que sa
protection et sa défense ne relèvent d'une règle morale.
J'affirme que c'est le gouvernement qui, après Dieu, est la
source principale des avantages particuliers dont l'acquisition et la conservation ont été prescrites aux hommes par
plusieurs règles morales indiscutables.

18. En second lieu, l'obéissance au gouvernement est
un fait suffisamment universel pour qu'on le range sous le
commandement d'une loi de nature. Il peut y avoir d'in-
nombrables règles lorsqu'il s'agit de régler des affaires de
grande importance, dans des circonstances données, et qui
concernent des individus ou des sociétés déterminés,
règles qu'on ne considère pas cependant comme des lois
morales ou des lois naturelles, mais que l'on peut totalement abroger ou dont on peut se passer; car les fins

particulières qu'elles se proposaient d'encourager ne concernent que quelques individus engagés dans des relations qui ne reposent pas sur la nature générale de l'homme; ces individus, en des occasions diverses et suivant la conjoncture, peuvent poursuivre leurs propres desseins par des moyens divers, ce qui est, semble-t-il, bien conforme à la faculté humaine de prudence. Mais y a-t-il une relation plus vaste et plus universelle que celle du sujet et de la loi? Cette relation ne se limite à aucune époque particulière ni à aucune contrée particulière, elle règne au contraire de manière universelle de tout temps et en tout lieu, partout où les hommes vivent dans une condition qui s'est élevée au-dessus de celle des bêtes. Il est donc évident qu'on ne doit point, en prenant prétexte de quelque manquement sur le chapitre de l'universalité, exclure du nombre des lois de nature la règle qui interdit la résistance à la loi, au pouvoir suprême.

19. En troisième lieu, il y a une autre raison qui confirme la nécessité de recevoir cette règle comme une loi morale ou loi naturelle : c'est que le phénomène considéré est d'une nature trop délicate et trop difficile pour être laissé au jugement et à la décision de chaque individu. Il est des cas si clairs et si évidents qu'on peut sans crainte en confier le jugement à la sagesse (*prudence*) de tout homme raisonnable. Mais toutes les fois qu'il s'agit de décider si une loi civile est à même de favoriser l'intérêt commun, si c'est la soumission ou la résistance qui se montrera la plus avantageuse quant à ses résultats ; ou encore, de décider à quel moment le bien général d'une nation peut exiger un changement de gouvernement, qu'il s'agisse d'un

changement dans la forme du gouvernement ou d'un changement des responsables de l'administration : ce sont là des questions trop ardues et trop compliquées, qui exigent un degré trop élevé de talent, de loisir et d'éducation libérale, mais aussi de désintéressement et de connaissance parfaite de la situation particulière du pays, pour que soit abandonné à chaque sujet le soin d'en décider[38]. Il en résulte, également pour cette raison, que la non-résistance, dont dans l'ensemble personne ne nie qu'elle soit un devoir des plus avantageux et des plus salutaires, ne doit pas être limitée à des circonstances particulières par le jugement des simples particuliers, mais doit être considérée comme une loi de nature des plus sacrées.

---

38. Cette mise en garde rappelle celle de Hobbes dans le *Léviathan*, chap. 29 : « On peut ajouter à ces maux le fait de laisser la liberté de mettre en discussion le caractère absolu du pouvoir à des hommes qui prétendent à la sagesse (prudence) politique : se développant, pour la plupart, dans la lie du peuple, ils ne cessent, néanmoins, sous l'impulsion de fausses doctrines, de s'occuper sans compétence des lois fondamentales » (trad. Tricaud, p. 355).

Pour Berkeley, il s'agit là de la position des libres penseurs, qui ne font qu'hypostasier la prétention commune à penser par soi-même et à dénoncer les préjugés (cf. *Alciphron*, I, 5) ; car la multitude bornée doit être éclairée par celui qui a compris que le loyalisme vis-à-vis du prince ainsi que le respect des lois sont choses négligeables (cf. *Alciphron*, I, 12 ; II, 8). Il y a là, finalement, une variante de la thèse de Mandeville (les vices privés produisent le bien public) ; et, de ce point de vue, renverser un gouvernement se justifierait par les mêmes principes que brûler une ville (cf. *Alciphron*, II, 8) ; tant qu'on maintient le bien commun comme norme du jugement, on laisse la porte ouverte à la fantaisie personnelle et aux caprices des factions. D'où, la position de Berkeley transmise par la voix d'Euphranor : « je me demande si tout le monde peut se forger une idée du bien public, et plus encore, juger des moyens de le promouvoir » (*Alciphron*, II, 9 ; trad. S. Bernas, Paris, P.U.F., t. 3 des *Œuvres* de Berkeley, sous la dir. de G. Brykman, 1992, p. 89).

20. Les arguments précédents rendent, je pense, manifeste que le précepte dirigé contre la rébellion est de niveau avec les autres règles morales. Ce qui apparaîtra encore mieux à partir de cette quatrième et dernière réflexion. On ne peut pas nier que la droite raison exige vraiment une règle fixée en commun, une norme sur laquelle les sujets doivent modeler leur soumission au pouvoir suprême ; car en ce domaine un conflit quelconque, un désaccord ne peuvent que tendre inévitablement à affaiblir et à disssoudre la société. Et il est inévitable qu'éclate un sérieux conflit là où l'on abandonne à la conscience le soin de conformer sa fantaisie à une norme d'obéissance différente suivant les individus[39]. Or il faut

---

39. C'est, pour Berkeley, un principe général que « l'ordre et la régularité dans les actions humaines ne sont pas l'effet de l'appétit ou de la passion, mais du jugement ; et le jugement est gouverné par les notions, par les opinions » (*A Discourse addressed to Magistrates...*, *Works* (F), t. 3, p. 411). Ce principe est lui-même rattaché à un autre principe fondamental : « la conduite des hommes est la conséquence de leurs principes » (*ibid.*, p. 410 ; cf. *Alciphron*, V, 9). Chez le libre penseur, les principes sont l'appétit, les passions, les sens considérés comme « guides naturels » (cf. *Alciphron*, I, 9) ; l'emprise est d'autant plus forte que la force de l'opinion s'ajoute à celle de l'appétit et de la passion (cf. *Alciphron*, II, 20 ; et II, 25 où Criton résume les principes de la doctrine des pense-menu). En faisant inlassablement la chasse aux préjugés, les libres penseurs confondent en réalité préjugé et erreur, alors que les préjugés sont seulement des « opinions que l'esprit conçoit sans en connaître les raisons et les causes et auxquelles il donne son assentiment sans examen » (*A Discourse...*, p. 412) ; « la différence entre les préjugés et les autres opinions ne réside donc pas dans le fait que ceux-là seraient faux et que celles-ci seraient vraies, mais dans le fait que ceux-là reposent sur la croyance et que celles-ci s'acquièrent par le raisonnement » (p. 414). En ce sens, un préjugé peut être vrai, mais il appartient à une éducation adéquate d'en faire surgir la part de vérité, autrement dit de la fonder

que cette norme fixée en commun soit ou bien le précepte
général qui interdit la résistance, ou alors le bien commun
de la nation tout entière; en ce qui concerne ce dernier
point, et bien qu'on soit autorisé à y trouver quelque chose
de sûr et de défini, attendu cependant que les hommes ne
peuvent régler leur conduite que d'après ce qui leur
apparaît, que cette apparence se confonde ou non avec la
vérité, et puisque les idées que les hommes se font du bien
commun d'un pays sont d'ordinaire aussi variées que les
paysages que l'œil rencontre suivant les sites, il découle
clairement de tout cela que faire du bien commun la règle
de l'obéissance, ce n'est nullement, en réalité, établir une
norme commune de loyalisme bien définie et issue d'un
accord, mais c'est abandonner chaque sujet à la gouverne
de son inconstante fantaisie personnelle.

21. Tous ces arguments et toutes ces réflexions nous
conduisent à la très évidente conclusion que la loi qui
prohibe la rébellion est véritablement une loi de nature, une

---

rationnellement. Prenons l'exemple de l'obéissance: «l'obéissance au
pouvoir civil, dit Berkeley, est enracinée dans la crainte religieuse de Dieu:
elle est propagée, maintenue et alimentée par la religion» (p. 417). Il s'agit
certainement là d'un préjugé; mais on peut, à partir de cette constatation,
emprunter deux voies différentes: ou bien, comme le font certains libres
penseurs, «sous prétexte d'extirper les préjugés (…) en introduire d'une
autre sorte, qui est destructrice pour la société» (p. 424); ou bien, considérer
qu'«il est du devoir des magistrats et des législateurs de cultiver et d'encourager ces impressions divines dans l'esprit des hommes», bref de «coopérer
avec les desseins de la Providence» (p. 420), qui demeurent, comme on le
voit, l'ultime critère de la vérité et de l'utilité; c'est dans cette direction que
s'exerce la véritable liberté de pensée qui est «la prérogative de l'espèce
humaine, une qualité inhérente à la nature même de l'être pensant» (p. 425).

loi de raison universelle, une loi morale. Mais certains objecteront peut-être que quoi qu'on puisse conclure par les fastidieuses déductions de la raison sur le chapitre de la résistance, il existe encore je ne sais quelle turpitude, je ne sais quelle laideur en certaines actions qui, à première vue, les présentent comme des vices ; et comme l'évocation de la rébellion ne nous saisit pas d'une répugnance aussi immédiate et aussi manifeste, on ne saurait se la représenter sur le même plan que les autres crimes contre nature. A cela je réponds : il est vrai qu'il existe d'indiscutables aversions naturelles qui sont implantées dans l'âme et qui sont toujours parfaitement insurmontables et durables ; mais comme la coutume est une seconde nature [40], le fait que ces aversions aient été sans cesse distillées dans l'esprit depuis notre prime enfance laisse une empreinte si profonde qu'il est bien difficile de faire le départ avec ce qui relève d'une complexion naturelle [41]. En conséquence, de même que tenir toutes les répugnances intimes de l'âme pour des marques infaillibles de péché conduirait à installer l'erreur et la superstition dans le monde, de même, en revanche, présumer licites toutes les actions qui ne sont pas accompagnées de ces sursauts naturels entraînerait les répercussions les plus dangereuses sur la vertu et la moralité. Car, si vertu et moralité font partie de nous en tant que nous sommes des êtres humains, le respect qu'elles nous inspirent ne doit point venir d'une agitation du sang et

40. Cf. *A Discourse addressed to Magistrates...* : « Ce qu'un homme ne peut acquérir par le raisonnement doit être introduit par le précepte et fixé par la coutume » (*Works* (F), t. 3, p. 413).

41. Cf. *Alciphron*, II, 20.

des humeurs, mais de la voix de la calme et sereine raison. Et s'il en est qui ressentent moins d'aversion pour la rébellion que pour les autres vilenies, on en déduira seulement que cette partie de leur devoir n'a pas été suffisamment réfléchie, ou qu'elle n'a pas été introduite dans leur cœur aussi précocement et avec autant de fréquence qu'elle aurait dû l'être [42] : car il existe à n'en pas douter d'autres hommes qui éprouvent, à l'égard de la rébellion, une aversion aussi totale que celle qu'ils éprouvent à l'égard de tout autre crime [a][43].

22. En outre, on objectera probablement que la soumission au gouvernement se distingue des devoirs moraux en ce qu'elle est fondée sur un contrat qui, si l'on en viole les conditions, est tout naturellement frappé de nullité, ce qui entraîne en ce cas la légitimité de la rébellion; la rébellion n'a donc pas la nature d'un péché ou d'un crime, qui sont en soi tout à fait illégitimes et ne doivent être commis sous aucun prétexte. Or, si je laisse de côté toute discussion sur

---

42. Cf. l'idée d'une éducation adéquate délivrée par une Académie Dianoétique (*Alciphron*, VII, 34).

(a) « Il disait ordinairement qu'il avait un aussi grand éloignement pour ce péché-là que pour assassiner le monde, ou pour voler sur les grands chemins, et qu'enfin il n'y avait rien qui fût plus contraire à son naturel ». Il (M. Pascal) avait coutume de dire qu'il éprouvait à l'égard de la rébellion, une aversion aussi immense que celle qu'il éprouvait à l'égard du meurtre ou du vol de grand chemin, et que rien ne répugnait plus à sa nature. *Vie de M. Pascal*, p. 44.

43. Citation extraite de *Vie de Monsieur Pascal* par Mme Périer (*in* Pascal, *Œuvres complètes*, Paris, Seuil, « l'Intégrale », 1963, p. 30 (a)). Cf. aussi *Pensées*, Section V, fragment 326 (éd. Brunschvicg), fragment 66 (éd. Lafuma, « Intégrale »).

les premiers et obscurs commencements du gouvernement, je remarque que le fait qu'il soit fondé sur un contrat
peut être entendu en un double sens : ou bien, premier cas,
plusieurs individus libres, découvrant l'intolérable désa-
grément d'un état où règne l'anarchie, où chacun agit selon
son bon vouloir, ont consenti par un accord mutuel à se
soumettre totalement aux décrets d'un pouvoir législatif
déterminé, décrets qui, même s'ils peuvent quelquefois
s'exercer avec dureté sur les sujets, doivent pourtant à coup
sûr se révéler un gouvernement plus aisé que celui des
humeurs violentes et des volontés inconstantes et contra-
dictoires d'une multitude de sauvages. Et si nous admet-
tons qu'un tel pacte a été le fondement originel du gouvernement civil, cette simple supposition suffit pour qu'on le
tienne comme sacré et inviolable [44].

23. Ou bien, second cas, on veut dire que les sujets ont
passé un contrat avec leurs souverains ou législateurs
respectifs pour devoir à leurs lois une soumission, non pas
totale, mais conditionnelle et limitée, autrement dit sous la
condition que l'observation de ces lois contribue dans la
mesure du possible au bien commun ; dans ce cas, les sujets
se réservent encore le droit de surveiller les lois et de juger
si elles sont aptes ou non à favoriser le bien commun, ils se
réservent aussi le droit (au cas où tous ou partie l'estime-
raient nécessaire) de résister aux autorités suprêmes et de
changer l'organisation totale du gouvernement par la

---

44. Allusion à la théorie de Hobbes. Cf. *Léviathan,* chap. 20 (p. 219 de la
trad. Tricaud) ; *Éléments du droit naturel et politique,* 2ᵉ partie, chap. 6
(p. 271 *sqq.* de la trad. Roux, Lyon, éd. l'Hermès, 1977) ; *De cive,* chap. 12.

force, ce qui constitue un droit que tous les hommes, qu'il s'agisse d'individus ou de sociétés, possèdent sur ceux qu'ils ont choisis pour les représenter[45]. Mais, en ce sens, un contrat ne peut être admis comme fondement et comme norme de l'obéissance civile que si l'un des deux points suivants est clairement établi : ou bien, premièrement, un tel contrat est une partie expresse et reconnue de la constitution fondamentale d'une nation, incontestée et également admise par tous comme le droit coutumier du pays ; ou bien, deuxièmement, si le contrat n'est pas exprès, c'est qu'il est au moins sous-entendu nécessairement dans la nature même ou dans le concept même de la constitution civile, ce qui laisse supposer comme manifestement absurde le fait qu'un groupe d'hommes soit contraint de vivre dans une sujétion sans limites vis-à-vis des lois civiles, plutôt que de continuer à vivre à l'état sauvage, sans lien les uns avec les autres[46]. Mais il me semble personnellement tout à fait évident qu'aucun de ces deux points ne sera jamais démontré.

24. Et tant qu'ils ne seront pas démontrés de manière irréfutable, il faudra rejeter avec horreur la doctrine que l'on a construite sur ces bases ; car la représentation des

---

45. Allusion à Locke. Cf. *Deuxième Traité du gouvernement civil,* chap. 8 (et les notes-commentaires de P. Laslett dans son édition des *Two Treatises of Government,* Cambridge University Press, 1960).

46. Sur le mythe du bon sauvage, cf. *A Discourse addressed to Magistrates...* (*Works* (F), t. 3, p. 415). Voir également *Alciphron,* II, 22 et V, 35 ; et *A Proposal for the better supplying of churches in our foreign plantations* (1725) in *Works* (L.J.), t. 7, p. 345, l. 10-14 ; p. 356, l. 9-15 et l. 24-27 ; p. 359, l. 10-20.

autorités suprêmes sous la forme de députés du peuple tend manifestement à diminuer cette crainte respectueuse et cette vénération que tous les honnêtes gens devraient ressentir à l'endroit des lois et du gouvernement de leur pays. Et parler d'un loyalisme limité, conditionnel et de je ne sais quels contrats vagues et indéterminés, c'est le moyen le plus efficace pour relâcher les liens de la société civile, et rien ne peut avoir de conséquence plus nuisible pour le genre humain. Mais, après tout, s'il se trouve un homme qui ne puisse pas ou ne veuille pas voir l'absurdité et le caractère pernicieux de ces idées, il suffirait que ces dernières tombent dans le domaine commun et que chaque individu se mette en tête de les croire vraies et de les mettre en pratique pour que ce témoignage emporte, n'en doutons pas, la conviction de notre homme.

25. Mais il reste encore une objection qui possède en apparence une certaine force contre ce qu'on a dit. La voici : attendu que la constitution civile dépend entièrement de l'institution humaine, il paraît contraire à la raison de se soumettre à elle comme à une partie de la loi de nature plutôt que de la loi civile. Puisqu'on ne peut trouver nulle part un gouvernement civil établi par la nature, comment, en effet, imaginer que la nature puisse dicter ou prescrire une loi naturelle pour ce qui dépend de l'humeur arbitraire des hommes, non seulement quant à son espèce ou sa forme, qui sont très diverses et changeantes, mais même quant à son existence[47] ? En réponse à cette

---

47. Argument de type épicurien : cf. *Maximes* 33, 36, 37 d'Épicure.

objection, je ferai remarquer en premier lieu que la plupart des préceptes moraux présupposent de fait des actes volontaires, des pactes humains, et qu'ils n'en sont pas moins considérés comme des lois de nature. C'est l'accord et le consentement des hommes qui fixent la propriété, qui déterminent la signification des mots et qui font du mariage un contrat[48]; et, pour autant, nul ne doute que le vol, le mensonge et l'adultère ne soient prohibés par la loi de nature. C'est pourquoi le loyalisme, bien qu'il soit censé être le résultat d'institutions humaines, peut, malgré tout, être tenu pour une obligation naturelle. En second lieu, je dirai que, malgré le fait que les sociétés particulières sont façonnées par des êtres humains et qu'elles ne sont pas les mêmes partout – comme le sont d'ordinaire les choses que l'on tient pour naturelles –, on trouve toutefois implantée dans le genre humain une tendance, une disposition naturelle à la vie en société. J'appelle cette disposition *naturelle* parce qu'elle est universelle et parce qu'elle résulte nécessairement des différences qui distinguent l'homme de la bête; et comme les besoins spécifiques de l'homme, ses facultés et ses capacités sont exactement calculés et organisés en fonction de cet état, c'est au point

---

48. Cf. «Guardian», Essai VIII, *Short-Sightedness, Works* (L.J.), t. 7, p. 212, l. 19-27 : «Les mots et l'argent doivent seulement être considérés comme des signes (*marks*) des choses. Et la connaissance des uns, comme la possession de l'autre, ne sont d'aucun usage si elles ne sont soumises à une fin plus importante. On ne pourrait entretenir aucun commerce mutuel entre les hommes si l'on ne s'était mis d'accord sur une certaine norme commune à laquelle on peut ramener la valeur des divers produits de l'art et de la nature, et qui peut avoir dans la transmission de la propriété le même usage que les mots dans la transmission des idées». Cf. également *Alciphron,* VII, 8.

que, sans cette disposition, il serait impossible à l'homme de vivre dans une condition passablement appropriée à sa nature. Et puisque le lien, le ciment de la société, c'est la soumission à ses lois, il en résulte clairement que ce devoir peut, au même titre que n'importe quel autre devoir, être tenu pour une loi de nature[49]. Et à coup sûr, le précepte qui ordonne l'obéissance aux lois civiles ne peut pas lui-même, décemment, être considéré comme une loi civile : il faut donc qu'il ne présente aucun caractère d'obligation pour la conscience ou, s'il en présente un, qu'on le tire de la voix universelle de la nature et de la raison.

26. Ainsi donc, le premier point proposé semble clairement établi, à savoir que le loyalisme est une vertu, un devoir moral, et que le manque de loyalisme, ou rébellion, est, au sens le plus strict et le plus exact, un vice, un crime contre la loi de nature.

Nous en sommes maintenant arrivés au second point[50], qui devait montrer que les interdictions du vice, c'est-à-dire les préceptes moraux négatifs, doivent être pris dans le sens le plus absolu, le plus nécessaire et le plus immuable : de sorte que ni l'acquisition du plus grand bien, ni la délivrance du plus grand mal, susceptibles de toucher un individu ou un groupe d'individus sur cette terre, ne sauraient justifier la moindre violation de ces préceptes. Mais, en premier lieu, j'expliquerai pourquoi il faut distinguer entre

49. Cf. *Alciphron,* I, 16; III, 3. Cf. surtout «Guardian», Essai XII, *The Bond of Society,* qui établit l'existence d'un principe d'attraction morale entre les êtres analogue à l'attraction entre les corps (*Works* (L.J.), t. 7, p. 225-228).
50. Sections 26-32.

préceptes positifs et préceptes négatifs, puisque seuls ces
derniers sont inclus dans la proposition générale. Or, voici
à quoi l'on peut ramener la raison de cette distinction : très
souvent, que ce soit en raison de la difficulté ou du nombre
des actions morales, que ce soit en raison de leur incompatibilité, il n'est pas possible à un seul homme d'accomplir
plusieurs d'entre elles à la fois, alors qu'il est manifestement logique et possible à un homme de s'abstenir de
toutes sortes d'actions positives à la fois. On en arrive par
là à prononcer l'obligation pour chacun d'observer réellement toutes les interdictions, tous les préceptes négatifs,
en tout temps et en tout lieu ; tandis que donner l'ordre
d'accomplir une action, c'est réserver une place à la sagesse
pratique de l'homme (*prudence*), à son discernement dans
l'exécution des préceptes, puisque l'action dépend pour la
plus grande part de circonstances accidentelles diverses ;
tout ce à quoi on devrait prêter attention, c'est de prendre
garde que les devoirs de moindre importance n'interfèrent
pas avec des devoirs plus importants et ne fassent pas
obstacle à leur accomplissement. Et c'est pour cette raison
que les lois positives, sinon en elles-mêmes, du moins dans
leur exercice, laissent place à la suspension, à la limitation
et à la relativité (*diversity of degrees*). Quant au caractère
indispensable des préceptes négatifs de la loi de nature, je
présenterai, pour le prouver, deux arguments : le premier
tiré de la nature de la chose, le second tiré de l'imitation de
Dieu dans Son gouvernement du monde.

27. Premièrement, donc, on a déjà montré à partir de la
nature même de la chose qu'on ne peut jamais poursuivre
la fin suprême de la morale en abandonnant à chaque

individu le soin de faire avancer le bien commun de la manière qu'il juge la plus convenable, sans prescrire des règles universelles, déterminées et précises comme norme commune des actes moraux. Et quant à admettre la nécessité de ces règles tout en considérant qu'il est légitime de les transgresser toutes les fois que le bien commun paraîtra l'exiger, n'est-ce pas là en réalité imposer seulement en paroles l'observation des règles morales, mais en pratique abandonner chacun à la gouverne de son propre jugement? Ainsi qu'on l'a déjà prouvé, on ne peut rien imaginer de plus pernicieux ni de plus destructif pour l'humanité. Deuxièmement, on peut arriver à la même conclusion en en appelant à l'exemple proposé par l'Auteur de la nature : celui-ci, comme on l'a fait remarquer plus haut, agit suivant des lois fixes et déterminées qu'Il ne va point transgresser à cause des maux accidentels qui peuvent en découler. Supposons qu'un prince, dont la vie conditionne la prospérité du royaume, tombe dans un précipice, nous n'avons aucune raison de penser que, dans ce cas précis, la loi universelle de la gravitation va interrompre son cours. On peut dire la même chose de toutes les autres lois de nature : les cas particuliers ne nous autorisent nullement à introduire des exceptions.

28. Et de même que sans cette régularité de la nature[51], nous ne verrions bientôt plus qu'un épouvantable chaos plein de confusion à la place de cette admirable organisation que nous avons sous les yeux, de même s'il devenait

51. Cf. *Principles,* I, sect. 30-31.

un jour de mise que les actions morales des hommes n'ont pas à être conduites par des règles précises et inviolables, la beauté, l'ordre et l'harmonie disparaîtraient du système des êtres raisonnables, autrement dit du monde moral, et celui-ci serait alors entièrement recouvert par les ténèbres et la violence[52]. Tant il est vrai que celui qui se tient à proximité d'un palais ne peut guère émettre un jugement correct sur l'architecture et la symétrie des différentes parties qui le composent, puisque les parties les plus proches offrent à la vue une taille disproportionnée[53]. Aussi, lorsque nous nous soucions de prendre une juste vue de l'ordre et du bien-être général que les inflexibles lois de la nature et de la morale dispensent dans le monde, nous devons, si je puis dire, sortir de ce monde et nous imaginer que nous sommes, ainsi placés à distance, des spectateurs de tout ce que le monde contient et de tout ce qui s'y trame; dans le cas contraire, nous ne manquerons pas d'être trompés par la

---

52. Cf. *On the Will of God :* « Sans elles (les règles de l'ordre social), il y aurait aussi peu de paix et d'ordre dans les sociétés humaines qu'il y aurait peu de beauté et d'harmonie dans le monde visible sans la direction des lois de la nature et du mouvement » (*Works* (L.J.), t. 7, p. 131, note ajoutée à la ligne 38); « Et il est nécessaire que les actes sociaux des hommes aussi bien que les mouvements naturels des corps soient gouvernés par un principe dirigeant, une loi, qui les conduise sagement vers la fin qui leur est propre et qui les retienne dans leurs justes limites; mais il n'est pas moins nécessaire pour le bien-être du monde, que les actes moraux de tous les hommes, considérés comme formant une vaste société, soient soumis à la loi, conforme à la volonté de Dieu, qui, dans tous les domaines, est habilitée à exercer son empire sur eux » (*ibid.*, p. 131, l. 39-p. 132, l. 1-7).

53. Cf. « Guardian », Essai VII, *Minute Philosophers, Works* (L.J.), t. 7, p. 206, l. 12-23; et *Alciphron,* VI, 16 (début).

perspective trop rapprochée des petits intérêts présents : les nôtres, ceux de nos amis ou ceux de notre pays[54].

La bonne compréhension de ce qui vient d'être dit fournira, je pense, une claire solution aux difficultés suivantes.

54. À certains égards, la partialité est inséparable de l'attraction. Certes, l'attraction nous conduit à tisser des liens avec les autres; mais, « de même que dans les corps, à quantité égale, l'attraction la plus forte se produit entre ceux qui sont les plus proches les uns des autres, de même, pour les esprits humains, *caeteris paribus,* l'attraction la plus forte se produit entre ceux qui entretiennent les relations les plus étroites » (*The Bond of Society, Works,* (L.J.), t. 7, p. 226, l. 7-10). L'attirance diminue au fur et à mesure que la distance augmente. Mais il existe aussi des possibilités de substitution : c'est ainsi qu'un homme « qui n'a pas de famille sera plus fortement attiré par ses amis et ses voisins; et, en l'absence de ceux-ci, il s'attachera aux gens de la même ville ou du même pays » (*ibid.*, I. 24-27). Il y a là comme l'indice d'une dérive rendue possible par une « chaîne imperceptible qui relie chaque individu à l'ensemble de l'espèce humaine » (*ibid.*, l. 34-36). C'est donc qu'il existe une sorte de bienveillance instinctive propre à la nature humaine, mais le plus souvent dissimulée par l'évidente partialité des comportements humains. Il suffira donc de développer cet instinct qui est « la source des actions morales » (p. 227, l. 18-19) en élargissant, en quelque sorte, notre champ de vision affectif; après tout, l'amour des parents pour leurs enfants n'est pas, au premier chef, une manifestation d'amour propre, mais plutôt de générosité désintéressée. Sans remettre en question la puissance de l'amour de soi, il s'agira plutôt de l'infléchir vers son réel intérêt qui se confond avec l'exercice du devoir que les chrétiens appellent de charité : « puisque les tendances sociales sont absolument nécessaires au bien-être du monde, c'est le devoir et l'intérêt de chaque individu de les chérir et de les élargir pour le plus grand bénéfice de l'humanité; c'est un devoir, car cela est conforme à l'intention de l'Auteur de notre être, qui vise le bien commun de ses créatures et qui, comme pour indiquer sa volonté, a planté dans nos âmes les germes de la bienveillance mutuelle; c'est notre intérêt, car le bien du tout est inséparable du bien des éléments qui le constituent; en favorisant le bien commun,

29. Peut-être, premièrement, pourra-t-il sembler à certains que, si l'on suit la doctrine que l'on vient d'exposer, les hommes seront plus que jamais abandonnés à leurs jugements personnels. Car, en premier lieu, l'existence même des lois de nature, en deuxième lieu le critère qui permet de les connaître et, en troisième lieu, l'accord d'un quelconque précepte particulier avec ce critère, tout cela doit être découvert par la raison et par l'argumentation, toutes choses où l'homme doit nécessairement juger par lui-même : par suite, cette hypothèse laisse place, autant que toute autre, à une grande confusion, une grande instabilité, et une grande incompatibilité d'opinions et d'actions. Dès lors qu'ils ont le plus souvent des vues étroites et intéressées, quelles que soient les divergences des hommes sur ce qu'il convient le mieux de faire ou de négliger pour la collectivité dans les circonstances particulières, je rétorque qu'en ce qui concerne cependant les conclusions générales, que l'on tire d'une vision élargie et objective des choses, il n'est pas possible de rencontrer

chacun favorise en même temps son intérêt personnel » (p. 227, l. 35-42-p. 228, l. 1-2). On pourrait relier ce thème à celui de l'étroitesse d'esprit, de la courte vue, qui caractérisent, selon Berkeley, les raisonnements des libres penseurs. Cf. *Alciphron*, I, 10 ; mais surtout les Essais du « Guardian » (cf. *Works* (L.J.), t. 7, p. 183, l. 33-34 ; p. 188, l. 11-13 ; p. 207, l. 1-2 ; p. 209, l. 4-8 ; p. 211, l. 1-2 ; p. 212, l. 11-12). La conjonction des deux thèmes est directement effectuée dans l'Essai IX, *Happiness* (p. 214). À la « narrowness », à la « short-sightedness », s'opposent la « comprenhensive view », la « largeness of mind », dont Berkeley explique, dans l'Essai VII, *Minute Philosophers,* qu'elles peuvent être acquises par l'exercice assidu de certaines disciplines, en particulier l'astronomie et la philosophie ; mais il va de soi que c'est la religion chrétienne qui, selon lui, est la plus apte à élargir l'esprit en même temps qu'elle l'ennoblit (cf. p. 208, l. 6-7).

un désaccord (à condition qu'il y en ait un) d'une telle importance chez ceux qui recherchent la vérité avec sincérité et de manière rationnelle.

30. Deuxièmement, l'argument le plus séduisant avancé contre la doctrine que nous avons initialement exposée sur le caractère obligatoire et intransigeant de l'observation des règles morales est celui qui repose sur la considération du bonheur public[55]. Puisque le bien commun est, en effet, de l'aveu de tous, la fin dont Dieu exige l'avancement à travers les actes libres des hommes, la conséquence pourrait en être que tous les honnêtes gens devraient toujours avoir cet objectif en vue, comme le grand but vers lequel tous leurs efforts devraient converger; lorsque donc, dans quelque circonstance particulière, une stricte observation de la règle morale doit se révéler manifestement incompatible avec le bien commun, on peut penser que, dans ce cas, il est conforme à la volonté de Dieu que la règle ne retienne pas une personne honnête et désintéressée d'agir en vue de la fin pour laquelle la règle elle-même était fixée. Car c'est un axiome que « la fin est plus excellente que les moyens », et

---

55. Cf. Locke, *Deuxième Traité...*, sect. 219 et 222. Cf. aussi Pufendorf, *Le droit de la nature et des gens,* trad. Barbeyrac, Londres, Jean Nourse, 1740, t. 3, p. 246-247 : VII, 9, 3 : « Le bien du peuple est la souveraine loi : c'est aussi la maxime générale que les puissances doivent avoir nécessairement devant les yeux, puisqu'on ne leur a conféré l'autorité suprême qu'afin qu'elles s'en servent pour procurer et maintenir le bien public, qui est le but naturel de l'établissement des sociétés civiles ». Cf. Cicéron, *De Legibus,* III, 3 : « Ollis salus populi suprema lex esto ».

puisque les moyens tirent leur bonté de la fin, ils ne peuvent pas entrer en concurrence avec elle[56].

31. En réponse à ceci, il suffit de faire observer que ce n'est pas simplement parce qu'elle conduit au bien commun qu'une loi est une loi, mais parce quelle est décrétée par la volonté de Dieu qui, seul, peut donner la consécration de loi de nature à un précepte quelconque ; et on ne considérera comme légitime, quel que soit son degré d'utilité ou d'attirance, que ce qui entre en coïncidence ou n'est pas incompatible avec les lois promulguées par la voix de la nature et de la raison. En vérité, on doit admettre que la déduction rationnelle de ces lois est fondée sur leur tendance intrinsèque à favoriser le bien-être de l'humanité, à condition qu'elles soient observées d'une manière universelle et constante. Mais, même s'il arrive par la suite qu'elles échouent accidentellement dans cette fin, ou que même elles favorisent une fin contraire, elles n'en sont pas moins contraignantes, ainsi qu'on l'a déjà prouvé. Bref, on peut résoudre toute cette difficulté grâce à la distinction suivante. On accorde que nous devons être entièrement guidés par le bien commun de l'humanité dans l'élaboration des lois générales de la nature, mais point dans les actes moraux courants de l'existence. Telle règle, si elle est universellement suivie, convient nécessairement, par la

56. Sur la question de la fin et des moyens, cf. « Guardian », Essai VIII, *Short Sightedness, Works* (L.J.), t. 7, p. 210 *sq.* « La fin pour laquelle la règle était fixée » est, dans l'hypothèse soulevée, le bien commun ; il y aurait donc possibilité de sédition au nom du bonheur public voulu par Dieu. Il s'agit là d'un argument traditionnel développé par les monarchomaques.

nature des choses, à l'avancement du bien-être général de l'humanité : c'est donc une loi de nature. Voilà qui est bien raisonner. Mais si nous disions que tel acte, dans telle circonstance, produit vraiment beaucoup de bien et ne cause aucun tort à l'humanité, que donc il est légitime, voilà qui serait erroné. La règle est construite eu égard au bien de l'humanité ; mais notre conduite pratique doit toujours se modeler immédiatement sur la règle. Ceux qui pensent que le bien commun de la nation est l'unique norme de l'obéissance due au pouvoir civil semblent bien ne pas avoir tenu compte de cette distinction[57].

32.[58] Quand on dit que certains préceptes négatifs, par exemple « Tu ne tueras point », ont en fait une limite puisque, dans le cas contraire, il serait illégitime pour le magistrat, pour le soldat sur le champ de bataille, pour l'homme en état de légitime défense, de tuer un autre homme, ma réponse est la suivante : lorsqu'un devoir est exprimé en termes trop généraux, comme c'est ici le cas, il est possible, afin de le formuler avec précision, d'échanger les termes en question contre d'autres termes ayant un sens plus restreint, de mettre par exemple *assassiner* à la place de *tuer*[59] ; mais il est également possible, en prenant pour

---

57. Pragmatisme et devoir moral. Réponse à Locke, *Deuxième Traité,* sect. 229.

58. Ce paragraphe n'apparaît pas dans le manuscrit.

59. Cf. *Commonplace Book,* n° 558 (*Phil. Com.*, n° 544), où Berkeley évoque la question de l'ambiguïté des mots et de la confusion du sens; à rattacher à *Commonplace Book,* n° 709 (*Phil. Com.,* n° 690), où il est dit que la démonstration en matière de morale passe par l'établissement d'un vocabulaire précis. Cf. Locke, *Essai philosophique concernant*

point de départ la proposition générale et en lui conservant
sa pleine extension, de faire des exceptions dans les cas
précis qui, ne relevant pas de l'idée d'assassinat, ne sont
pas interdits par la loi de nature[60]. Dans le premier cas, on
trouve une limitation; mais elle n'affecte que la signification d'un terme unique trop général et trop inexact
auquel on substitue un autre terme plus exact et plus précis.
Dans le second cas, on trouve des exceptions; or ce sont
des exceptions non pas à la loi de nature, mais à une
proposition plus générale qui, outre cette loi, comprend
quelque chose de plus, et c'est ce plus que l'on doit
soustraire afin de laisser à la loi sa clarté et sa délimitation
propres. D'aucune de ces concessions il ne résultera
qu'une loi de nature négative n'est limitée qu'aux seuls cas
où son application particulière favorise le bien commun; il
n'en résultera pas davantage qu'on accorde le statut
d'exceptions à la loi à tous les cas où le fait qu'elle soit
réellement observée cause du tort à la collectivité. Mais
j'aurai l'occasion d'en dire plus sur ce sujet par la suite.

l'entendement humain, trad. Coste, Amsterdam-Leipzig, J. Schreuder et
P. Mortier le jeune, 5ᵉ éd., 1755, III, V, 6; III, X, 19 (où Locke prend
l'exemple des mots « meurtre », « assassinat », « parricide »); II, XI, 9 (et
l'exemple du mot « justice »); III, XI, 12 (et la détermination du remède :
« pour fixer la signification des mots, déclarer en quel sens on les prend »);
III, XI, 15-16 (où l'entreprise est directement rattachée au projet de construc-
tion de la démonstration morale). Chez Berkeley, exemples d'application de
la méthode in Alciphron, I, 10 (la notion de libre pensée) et in A Discourse
addressed to Magistrates, Works (F), t. 3, p. 426 (la notion de liberté).

   60. Autrement dit, on pourra considérer qu'il y a exception à la règle
lorsque l'action de tuer ne se confond pas avec celle de commettre un
meurtre ; l'exception n'est pas pour autant prescrite par la loi de nature.

J'en ai maintenant terminé avec le premier chef, qui consistait à montrer qu'il existe une obéissance passive absolue, sans limite, due au pouvoir suprême quel qu'en soit le dépositaire et dans quelque nation que ce soit ; et j'en arrive à l'enquête sur les raisons et les fondements de l'opinion contraire ; c'était le deuxième point annoncé.

33. Les champions de la résistance fondent leur doctrine sur le grand principe suivant : la loi de conservation de soi, dans la mesure où elle s'offre comme la toute première loi de nature et comme la plus fondamentale, est antérieure à tous les autres engagements[61]. Par suite, disent-ils, les sujets sont contraints par la nature, et il y va de leur devoir de résister aux cruelles entreprises des tyrans, dès lors qu'elles sont permises par des lois injustes et sanguinaires qui ne sont rien d'autre que des décrets humains et qui doivent, par conséquent, céder devant les décrets de Dieu ou de la nature. Or, si nous examinons de plus près cette idée, il se peut que nous ne la trouvions pas aussi claire et aussi bien fondée que certains pourraient l'imaginer ou, qu'à vrai dire, elle semble l'être à première vue. Nous devrions en effet établir une distinction entre les deux sens de l'expression *loi de nature* : selon que ces mots désignent une règle ou un précepte pour l'orientation des actes volontaires des agents raisonnables, et en ce sens ils sous-entendent un devoir ; ou selon qu'ils sont utilisés pour indiquer toute règle générale dont nous percevons qu'elle est inscrite dans la création de la nature qui ne dépend pas

61. Cf. Locke, *Deuxième Traité...*, sect. 168 (voir aussi sect. 6).

des volontés humaines, et en ce sens nul devoir n'est
sous-entendu. Or, eu égard à cette dernière acception,
j'accorde qu'il faille considérer comme une loi générale de
la nature le fait qu'en tout animal est ancré un désir de
conservation de soi, lequel, bien qu'il soit de tous les
appétits naturels ou acquis, le plus précoce, le plus profond
et le plus durable, ne peut cependant pas être décemment
appelé devoir moral[62]. Mais si, eu égard au premier sens de
l'expression, l'on veut dire que la conservation de soi est la
première et la plus fondamentale loi de nature, qu'elle doit
par conséquent remplacer tous les autres devoirs naturels
ou moraux, je considère cette affirmation comme manifestement fausse : pour l'évidente raison que la conséquence de tout cela serait qu'un homme pourrait légitimement commettre n'importe quel péché pour protéger
son existence[63], et que rien ne saurait être plus absurde.

34. A vrai dire, on ne peut nier que la loi de nature nous
retienne de faire des choses qui pourraient nuire à la vie
humaine, et par conséquent à la nôtre. Mais, malgré tout ce
qu'on dit du caractère obligatoire et de la priorité de la loi
de conservation de soi, il n'existe cependant, pour autant
que je puisse le constater, aucune loi particulière qui oblige
un homme à préférer son propre avantage temporel, je ne
parle même pas de sa vie, à celui d'un autre homme, et
encore moins à le préférer à l'observation d'un devoir
moral quelconque. Cette préférence, nous ne sommes que
trop prompts à nous en acquitter spontanément ; et on aurait

62. Cf. *On the Will of God, Works* (L.J.), t. 7, p. 133, l. 20-28.
63. C'est la position des libertins (cf. *Alciphron*, II, 25).

plus besoin d'une loi pour contenir et brider notre amour-propre que pour l'exciter et l'enflammer.

35. Mais, deuxièmement, même si nous tenions le devoir de conservation de soi pour la première et la plus nécessaire des lois de nature positives ou affirmatives, attendu cependant que c'est une maxime reconnue de tous les moralistes qu' «on ne doit jamais faire le mal en fonction du bien final qui pourrait en résulter», il découle clairement de là qu'aucun précepte négatif ne devrait être transgressé à cause de l'observation d'un précepte positif; et donc, puisque nous avons montré que le «Tu ne résisteras point au pouvoir suprême» est une loi de nature négative, la conséquence nécessaire est que nous ne devons pas la transgresser sous prétexte d'obéissance au devoir positif de conservation de soi.

36. Il est un autre motif bien erroné à l'opinion de nos adversaires, et sur lequel ils insistent fortement : il consiste à considérer le bien commun d'une nation particulière comme la norme de l'obéissance due par le sujet au pouvoir civil, pouvoir auquel il est donc permis de résister toutes les fois que le bien commun paraîtra vraiment l'exiger[64]. Mais cette question a déjà été examinée; et en vérité elle ne peut guère occasionner de difficulté à celui qui comprend que le loyalisme est sur le même plan que les autres devoirs moraux prescrits dans les préceptes néga-tifs, et que tous ces préceptes, bien qu'uniformément calculés pour favoriser le bien-être général, ne peuvent

64. Cf. Locke, *Deuxième Traité...* sect. 131 (*in fine*), 134, 135.

néanmoins être limités ou suspendus sous prétexte de faciliter l'accès à cette fin; c'est ce qui ressort clairement de ce qu'on a précédemment expliqué à ce sujet[65].

37. Nos adversaires font valoir une troisième raison qui va dans ce sens. A l'origine, tout droit, toute autorité civile sont issus du peuple; or nul ne peut transférer à autrui ce que lui-même ne possède pas; donc, puisqu'aucun homme ne détient un droit absolu et sans limite sur sa propre vie, le sujet ne peut pas transférer un tel droit au prince (ou au pouvoir suprême), et en conséquence, le prince ne détient pas un droit illimité à disposer de la vie de ses sujets. Quand un sujet, donc, résiste au prince qui, agissant en vertu de la loi, attente injustement quoique légalement à sa vie, il ne lui fait nulle injure; de ce que ce n'est pas une injure d'empêcher autrui de s'emparer de ce sur quoi il n'a aucun droit, il s'ensuit, semble-t-il, que l'on peut, conformément à la raison, résister au prince ou au pouvoir suprême quel qu'en soit le dépositaire[66]. A leur argument, que je me suis ainsi efforcé d'énoncer sous son jour le plus clair, je fais la réponse suivante: en premier lieu, accordons qu'aucun pouvoir civil ne jouit du droit illimité de disposer de la vie d'un homme quel qu'il soit. En second lieu, accordons qu'un homme ne fait nulle injure à un autre homme lorsqu'il résiste à celui qui empiète sur un terrain où il n'a aucun droit. Mais, en troisième lieu, je récuse qu'il suive forcément de là que l'on puisse, conformément à la raison,

---

65. Cf. Section 27. Passage absent du manuscrit: « et en vérité... à ce sujet ».

66. Cf. Locke, *Deuxième Traité...*, sect. 23, 149, 168.

résister au pouvoir suprême; car même si une telle résistance ne fait pas injure au prince ou au pouvoir suprême quel qu'en soit le dépositaire, il reste qu'elle constitue un outrage à l'Auteur de la nature et une violation de Sa loi, loi que la raison nous fait obligation de ne transgresser sous aucun prétexte, ainsi que cela a été démontré.

38. Une quatrième erreur ou préjugé qui exerce une influence sur les adversaires de la non-résistance provient de la crainte naturelle de l'esclavage, des chaînes et des entraves, crainte qui les remplit d'aversion pour tout ce qui, même par métaphore, tombe sous ces dénominations[67]. Par suite, ils clament contre nous que nous voulons les dépouiller de leur liberté naturelle, que nous fabriquons des chaînes pour l'humanité, que nous sommes partisans de les réduire en esclavage, et autres choses du même genre. Or, si dure que puisse paraître la condamnation, il demeure cependant très vrai que nos appétits, même les plus naturels, ceux qui aspirent au bien-être, à l'abondance, c'est-à-dire la vie même, doivent être enchaînés et mis aux fers par les lois de la nature et de la raison. Cet esclavage, s'ils veulent l'appeler ainsi, autrement dit la sujétion de nos passions aux immuables décrets de la raison, même s'il peut blesser l'élément sensuel, ce qu'il y a de bestial en nous, rehausse néanmoins, j'en suis sûr, la dignité de ce qui est spécifiquement humain dans notre constitution[68]. Ceci m'amène à la cinquième erreur fondamentale.

67. Cf. Locke, *Deuxième Traité...,* sect. 23.
68. Cf. *On the Will of God, Works* (L.J.), t. 7, p. 133, l. 30-41; p. 134, l. 1-3; *Alciphron,* II, 14; V, 28. Cf. également *A Discourse addressed to*

39. Il s'agit d'une mauvaise interprétation de l'objet de l'obéissance passive. Quand un sujet endure l'insolence et l'oppression d'un ou plusieurs magistrats armés du pouvoir civil suprême, l'objet de sa soumission n'est, à la stricte vérité, rien d'autre que la droite raison, qui est la voix de l'Auteur de la nature. N'allez pas croire que nous soyons assez insensés pour imaginer les tyrans coulés dans un meilleur moule que les autres hommes : non! ils sont les pires des hommes, les plus exécrables et, en tant que tels, ils n'ont pas le moindre droit à notre obéissance. Mais il faut obéir aux lois de Dieu et de la nature, et notre obéissance n'est jamais plus recevable ni plus sincère que lorsqu'elle nous expose aux calamités temporelles.

40. Une sixième cause d'erreur dans l'opinion de ceux que nous combattons réside dans le fait qu'ils ne font pas de distinction entre la nature des devoirs positifs et celle des devoirs négatifs. Car, disent-ils, puisqu'on admet que notre obéissance active au pouvoir civil suprême est limitée, pourquoi ne penserait-on pas la même chose du devoir de non-résistance? La réponse est claire : parce que les préceptes moraux positifs et négatifs ne sont pas de

Magistrates... : « L'homme est un animal redoutable à la fois par ses passions et par sa raison; ses passions le poussent souvent à de grands maux, et sa raison lui fournit les moyens de les accomplir. Apprivoiser cet animal, l'amener à se soumettre à l'ordre, l'accoutumer au sens de la vertu et de la justice, le retenir par la peur de prendre un mauvais parti, l'encourager à faire son devoir par l'espoir; en bref, le façonner, le modeler pour la société, tel a été le but des institutions civiles et religieuses » (*Works* (F), t. 3, p. 410). Sur la distinction liberté/licence, cf. *A Discourse...* (*ibid.,* p. 425, 426); An *Essay towards...* (*ibid.,* p. 195, 196); *Alciphron,* II, 26.

même nature; ainsi qu'on l'a déjà prouvé, les premiers autorisent des restrictions et des exceptions auxquelles les seconds ne sont en aucune façon sujets[69]. Il est très possible qu'un homme, en obéissant aux ordres de ses gouvernants légitimes, soit amené à transgresser une loi divine contraire à ces ordres; mais un tel cas ne se présentera pas s'il se borne simplement, par acquit de conscience, à prendre son mal en patience et à ne pas résister[70]. Et nous avons là une solution si satisfaisante et si évidente à la difficulté signalée plus haut que je suis très surpris de voir que ne s'y arrêtent guère des hommes qui, par ailleurs, ont du bon sens et de la raison. En voilà assez pour ce qui concerne les raisons et les motifs des adversaires de la non-résistance.

J'en arrive maintenant au troisième et dernier sujet proposé, à savoir: l'étude des objections tirées des prétendues conséquences de la non-résistance.

41. On objectera tout d'abord, comme conséquence tirée de la notion de non-résistance, que nous devons croire que Dieu, en diverses circonstances, a infligé à la partie inoffensive de l'humanité l'inéluctable nécessité d'endurer les plus grandes souffrances et les plus grandes épreuves sans aucun remède; ce qui est manifestemet incompatible avec la sagesse et la bonté divines; et donc, le principe d'où

---

69. Cf. sections 26 et 32.

70. Voir l'explication complexe de Hobbes lorqu'il est confronté au même problème in *Éléments du droit naturel et politique*, 2ᵉ partie, chap. 6. Cf. également Grotius, dont la position est plus radicale : refuser d'obéir aux ordres injustes, ce n'est pas désobéir ni manquer à son devoir (*Le droit de la guerre et de la paix*, trad. Barbeyrac, Amsterdam, chez Pierre de Coup, 1724, t. 2, p. 704-II, 26, 3).

découle cette conséquence ne saurait être accepté comme loi divine ou loi de nature. Pour répondre à cette objection, je remarque que nous devons distinguer avec soin entre les conséquences nécessaires et les conséquences accidentelles d'une loi morale. A la première espèce appartiennent les conséquences que la loi tend à produire en vertu de sa nature, et qui sont indissolublement liées à l'observation de la loi ; en fait, si les conséquences sont mauvaises, nous pouvons conclure à juste titre que la loi est mauvaise et que donc elle n'émane pas de Dieu. Mais les conséquences accidentelles d'une loi n'ont pas de lien intrinsèque et naturel avec elle, pas plus qu'elles ne découlent à proprement parler de son observation ; elles sont le pur résultat de quelque chose d'étranger et de conjoncturel qui est venu se joindre à la loi[71]. Les conséquences accidentelles d'une très bonne loi peuvent néanmoins être très mauvaises ; cette mauvaise qualité des conséquences doit être imputée à leur cause spécifique et nécessaire, et non point à la loi, qui n'a par essence aucune tendance à produire de tels effets. Or, bien qu'il faille reconnaître qu'un législateur infiniment sage et infiniment bon veut, afin de réglementer les actions humaines, établir des lois telles qu'elles possèdent par nature une tendance nécessaire et inhérente à favoriser le bien commun de toute l'espèce humaine, et ceci aussi loin que le permettent les circonstances présentes et les capacités de la nature humaine, nous nions cependant que la sagesse et la bonté du législateur soient inquiétées, ou puissent être mises en doute, à cause des

71. Sur la notion d'accident, cf. *Alciphron*, V, 36.

maux particuliers qui naissent nécessairement et spécifiquement de la transgression de certaines lois tout à fait
bonnes, mais qui naissent aussi accidentellement de ce
qu'on a observé d'autres lois. Or il est clair que les diverses
calamités et dévastations qu'apportent au monde les gouvernements tyranniques ne sont pas les purs effets nécessaires de la loi qui prescrit une soumission passive au
pouvoir suprême, pas plus qu'elles ne sont comprises dans
sa visée primitive; elles surgissent de l'avarice, de
l'ambition, de la cruauté, de la vengeance et autres vices et
affections désordonnées qui se déchaînent dans les cœurs
de ceux qui gouvernent[72]. On n'a donc pas à alléguer une
insuffisance de sagesse ou de bonté dans la loi de Dieu, mais
plutôt à dénoncer un manque de droiture chez l'homme.

42. Le présent état de choses est tel, les volontés si
instables, les passions humaines si débridées, qu'il ne se
passe un jour sans qu'on assiste à des infractions et à des
violations manifestes des lois de nature, toujours perpé-
trées à l'avantage des méchants, et que doivent à coup sûr
accompagner parfois de lourds inconvénients et de rudes
souffrances pour ceux qui, adhérant fermement aux lois du
créateur, s'efforcent de trouver grâce à ses yeux. Bref, il
n'existe aucune règle morale, sans excepter la meilleure,
qui ne soit susceptible d'exposer les honnêtes gens à de
grandes souffrances et à de grandes épreuves; cela résulte
nécessairement de la perversité de ceux à qui l'on a affaire,
et cela résulte accidentellement des bonnes règles elles-

---

72. Cf. *Alciphron*, I, 4 (début); *On the Will of God, Works* (L.J.), t. 7,
p. 136, l. 33-36.

mêmes [73]. Et comme, d'une part, il serait incompatible avec
la sagesse de Dieu, en faisant endurer les représailles d'une
tromperie, d'un parjure ou autre aux responsables de l'of-
fense, de punir une transgression en recourant à une autre
transgression, de même, d'autre part, il serait incompatible
avec la justice divine de sacrifier sans espoir au méchant le
juste et l'innocent. C'est pourquoi Dieu a fixé un jour de
récompense dans une autre vie ; quant à celle-ci, nous avons
pour nous aider la grâce divine et la bonne conscience [74].
Nous ne devrions donc pas murmurer contre les lois divines
ni manifester mauvaise humeur ou impatience face aux
souffrances passagères auxquelles ces lois nous exposent
de manière accidentelle et qui, bien qu'offensant la chair et
le sang, nous sembleront pourtant de bien courte durée si
nous comparons la mesquinerie et l'éphémère du monde
présent à la gloire et à l'éternité de l'autre monde.

43. D'après ce qu'on a dit, je pense qu'il est clair que la
doctrine de la non-résistance, telle qu'on l'a exposée initialement, demeure intacte, si grands que soient les maux
imaginables qu'elle peut entraîner. Mais peut-être nous
rendrons-nous compte, par un examen rigoureux, qu'ils
sont beaucoup moins graves que ne le suppose un grand
nombre de gens. On peut ramener aux deux points suivants
les effets nuisibles que l'on impute à la doctrine. En
premier lieu, grâce à la pespective d'impunité, de non-
résistance, qu'elle leur ouvre, elle constitue pour tous les
gouvernants un encouragement à la tyrannie. En second

---

73. Cf. *Alciphron*, V, 19-20.
74. Cf. *On the Will of God, Works* (L.J.), t. 7, p. 134, l. 4-15.

lieu, en brisant toute opposition et donc toute possibilité de redressement, elle rend encore plus insupportable et plus violente l'oppression et la cruauté des tyrans. J'envisagerai séparément chacun de ces deux points. En ce qui concerne le premier point, ou bien l'on suppose que les gouvernants sont honnêtes, ou bien l'on suppose qu'ils sont pervers. S'ils sont honnêtes, on n'a pas à craindre qu'ils se transforment en tyrans. Et s'ils sont pervers, autrement dit s'ils font passer l'observation des lois divines après la satisfaction de leur propre concupiscence, il ne peut alors y avoir pour eux aucune garantie que les autres suivront avec autant d'intransigeance ces préceptes moraux qu'eux-mêmes sont si enclins à transgresser.

44. En vérité, quand un sujet, fût-ce sous le poids des plus fortes et des plus injustes souffrances, lève la main contre le pouvoir suprême, c'est là une infraction à la loi de nature. Mais lorsque des personnes investies du pouvoir suprême usent de ce pouvoir pour ruiner et détruire le peuple placé sous leur protection, c'est là une violation de la loi de nature encore plus odieuse et plus inexcusable. En quoi, dès lors, un individu peut-il trouver encouragement à penser que les autres ne seront pas poussés à commettre un crime par le puissant instinct, bien ancré en eux, de conservation de soi, quand lui-même, sans y avoir été peut-être aucunement incité, commet un crime contre nature encore plus bestial ? Ou faut-il imaginer que ceux qui, tous les jours, enfreignent les lois de Dieu pour un petit profit ou un plaisir éphémère, ne seront pas tentés, par amour de la propriété, de la liberté ou de la vie elle-même, de trans-

gresser ce précepte particulier qui interdit la résistance au pouvoir suprême ?

45. Mais, demandera-t-on, dans quel but ce devoir de non-résistance est-il donc prêché, dans quel but en donne-t-on la preuve, dans quel but en recommande-t-on l'usage si, selon toute vraisemblance, dès que les choses en viennent à la dernière extrémité, jamais les hommes ne le respectent ? Je réponds que ce devoir est prêché exactement dans le même but que tout autre devoir. Car existe-t-il un devoir que beaucoup de gens, trop de gens, peuvent, pour une raison ou pour une autre, ne pas être amenés à transgresser ? Les moralistes et les théologiens ne prêchent pas les devoirs naturels et religieux en vue d'obtenir que l'humanité les respecte parfaitement; ils savent que cela n'est pas près d'arriver. Mais pourtant, nos efforts sont récompensés si l'on peut rendre les hommes moins pécheurs qu'ils le seraient sans cette action, et si, en oppo-sant la force du devoir à celle de l'intérêt présent et de la passion, l'on peut avoir raison de certaines tentations et faire contrepoids à d'autres, lors même que les plus puis-santes d'entre elles demeurent à jamais invincibles.

46. Mais, si l'on accorde que ceux qui sont investis du pouvoir suprême ont l'absolue certitude qu'il n'est point de traitement cruel et barbare qui puisse inciter leurs sujets à la rébellion, je crois cependant que l'on peut à juste titre se demander si une telle certitude les porterait à commettre en plus grand nombre des actes de cruauté plus impression-nants que ne pourraient le faire, s'ils en étaient moins assurés, la jalousie, la méfiance, la suspicion et la ven-geance. Voici pour ce qui concerne le premier point, à

savoir que la doctrine de la non-résistance constitue pour les gouvernants un encouragement à la tyrannie.

47. Le second effet nuisible que l'on a imputé à la doctrine est qu'en brisant toute opposition, et donc toute possibilité de redressement, elle rend encore plus insupportable et plus violente l'oppression et la cruauté des tyrans. Mais, si l'on examine les choses correctement, il apparaîtra que vouloir redresser par la force les exactions du gouvernement, c'est, en mettant les choses au mieux, une entreprise fort hasardeuse et qui souvent précipite le peuple dans une situation pire que la précédente. Car, ou bien l'on suppose que la puissance des rebelles est insignifiante et qu'on peut facilement l'écraser, mais alors voilà qui est propre à inspirer aux gouvernements arrogance et cruauté. Ou bien l'on suppose que la puissance des rebelles est importante, assez en tout cas pour tenir tête au pouvoir suprême soutenu par le trésor public, les places fortifiées et les armées, et que la nation tout entière est engagée dans la guerre civile, mais alors les inéluctables effets en seront la rapine, l'effusion de sang, la misère et le désordre pour toutes les classes et tous les groupes sociaux, et sur une échelle bien plus grande et bien plus insupportable que ce qu'on a pu connaître sous la tyrannie la plus absolue et la plus dure que la terre ait portée. Il se peut qu'après bien des massacres de part et d'autre, le parti des rebelles finisse par l'emporter. Et s'il réussit à détruire le gouvernement en place, il se peut qu'il en mette un meilleur à la place, ou qu'il le remette en de meilleures mains. Mais cela ne peut-il pas advenir sans le coût, le tourment et le sang d'une guerre? La conscience d'un prince n'est-elle pas entre les

mains de Dieu ? Ne peut-il, en conséquence, lui donner un
sens aigu de son devoir, ou bien, sinon, ne peut-il le rappeler à lui par le truchement de la maladie, de l'accident ou
de la main d'un assassin décidé pour dépêcher un meilleur
prince à sa place[75] ? Lorsque je parle ainsi de la monarchie,
je voudrais que l'on comprenne que j'entends par là toutes
les variétés de gouvernements, quel que soit le dépositaire
du pouvoir suprême. Tout bien considéré, je crois que nous
pouvons tomber d'accord avec le philosophe païen qui
pensait que ce n'est jamais le lot du sage de tenter de
changer de gouvernement par la force, quand il n'est pas
possible dè l'amender sans massacrer et bannir les conci-
toyens, mais qu'il faut demeurer en repos et prier pour des
jours meilleurs [a] [76]. Car il se peut que cette voie aboutisse
et que l'autre n'aboutisse pas ; il y a incertitude dans les
deux cas. La différence, c'est qu'en empruntant la voie de la
rébellion, nous sommes sûrs d'augmenter les calamités

75. Argument traditionnel. Cf., par exemple, saint Thomas, *De Regno*, I,
6 : « Quant aux tyrans qu'il (Dieu) juge indignes de conversion, il peut les
supprimer ou les réduire à un état très bas » (trad. Frère Marie Martin-Cottier,
Paris, éd. Egloff, 1946, p. 63) ; Calvin, *Institution de la religion chrétienne*,
IV, 20, 19 : « si le prince devient tyrannique, nous devons implorer l'aide de
Dieu qui, seul, détient le pouvoir de renverser les royaumes et qui peut, le cas
échéant, inspirer un élu pour mettre fin à la tyrannie ».

(a) Platon in *Epist* VII (76).

76. Platon, *Lettre* 7, 331 d : « Trouve-t-il (le sage) qu'il est mal gouverné,
qu'il parle, s'il ne doit pas parler pour rien ni encourir la mort, mais qu'il ne
fasse pas violence à sa patrie pour changer le gouvernement, lorsqu'il n'est
pas possible d'établir le meilleur sans bannir et tuer des citoyens ; qu'il reste
alors tranquille et prie les dieux pour son bonheur et celui de sa patrie »
(trad. Chambry).

publiques, au moins pendant quelque temps, alors que nous ne sommes pas sûrs de les diminuer dans l'avenir[77].

48. Mais, tout en reconnaissant qu'il faut en général recommander la patience et la soumission, on aura cependant encore tendance à demander si des circonstances extraordinaires n'exigent pas des mesures extraordinaires, si donc la rébellion ne peut être permise lorsque l'oppression devient insupportable et qu'est assuré l'espoir de la délivrance? Ma réponse est : en aucun cas. Le parjure, la forfaiture peuvent éventuellement, dans certaines circonstances, largement profiter à une nation en la délivrant d'une condition incompatible avec sa liberté et avec le salut public. Il en va de même pour l'adultère qui, en fournissant un héritier du cru, peut empêcher la chute d'un royaume dans les mains d'une puissance étrangère, laquelle, selon toute probabilité, consommerait la ruine du pays. Et pourtant, y aura-t-il un seul homme pour affirmer que la nature extraordinaire de ces circonstances suffit à annuler le crime de parjure et d'adultère [(b)78]? C'est ce que

---

77. Cf. *Advice to the Tories...*, *Works* (L.J.), t. 6, p. 55-56.

(b) Lorsque j'écrivais ceci, je ne pouvais pas imaginer qu'un homme admette que l'on puisse justifier ces crimes sous un prétexte ou sous un autre ; mais depuis lors je vois qu'un auteur (le même, croit-on, qui a publié le livre intitulé *The Rights of the Christian Church*), dans *Discourse concerning Obedience to the Supreme Powers,* imprimé avec trois autres discours à Londres, en l'an 1709 (chap. 4, p. 28), n'a pas honte d'affirmer à propos des lois divines : « Il n'est point de loi qui, se rapportant entièrement à l'homme, ne cesse d'être contraignante lorsqu'elle en vient, en raison de l'infinie variété des circonstances qui accompagnent les affaires humaines, à contrarier le bien de l'homme ». Ainsi, selon cet auteur, le parricide, l'inceste, la forfaiture deviennent d'innocentes petites choses dès qu'elles surviennent,

je ne veux même pas envisager. Or, on a montré que la rébellion constitue, au même titre que les deux précédents, un crime contre nature et contre raison; pas plus que les deux autres, on ne saurait donc le justifier sous quelque prétexte que ce soit.

49. Quoi! Nous faudra-t-il alors poser la tête sur le billot? Et n'y a-t-il aucun secours, aucun refuge contre l'extrême tyrannie établie par la loi? En réponse à cette question, je déclare, en premier lieu, qu'on n'a pas à redouter que les hommes sensés recherchent la destruction des peuples en recourant, comme certains s'empressent de le supposer, à des décrets aussi cruels et aussi contraires à la nature. En second lieu, j'affirme que même s'ils le faisaient, il n'en demeurerait pas moins que la plupart des magistrats subalternes ne pourraient assurément pas, que dis-je! n'auraient pas le droit, en obéissant à ces décrets, de

dans l'infinie variété des circonstances, pour favoriser (ou dès qu'un particulier considère qu'elles favorisent) le bien commun. Après ce qu'on a déjà dit, je souhaite n'avoir pas besoin de me donner du mal pour convaincre le lecteur de l'absurdité et du caractère pernicieux de cette idée. Je ferai seulement observer que l'auteur, selon toute apparence, a été conduit à cette idée par une aversion peu ordinaire pour l'obéissance passive, aversion qui l'a poussé à limiter ce devoir (et, pour les mêmes raisons, tous les autres devoirs) et à le mesurer à l'aune du bien commun, jusqu'à l'ébranlement complet de tout ordre et de toute morale parmi les hommes. Et il faut bien avouer que le glissement était très naturel . (78)

78. Note ajoutée dans la 3 e édition (1713). L'auteur auquel Berkeley fait référence est Matthew Tindal ; les *Rights...* sont de 1706, le *Discourse...* a d'abord paru en 1694. Nouvelle allusion directe à Tindal in *The Theory of vision vindicated and explained*, sect. 2 et 5 ; et in *Reasons for not replying to Mr. Walton's full answer* (1735), sect. 2 (*Works* (F), t. 3, p. 340).

commettre un acte contraire aux explicites lois de Dieu[79]. Et peut-être estimera-t-on, tout bien considéré, que présenter aux ministres du pouvoir suprême la limitation de leur obéissance active par les lois de Dieu ou de la nature comme un devoir, cela peut s'avérer, dans les circonstances extravagantes que nous avons imaginées, non moins efficace pour la paix et la sécurité d'une nation que prêcher au peuple le pouvoir de résister.

50.[80] De plus, on relèvera probablement comme une absurdité de la doctrine de l'obéissance passive le fait qu'elle impose aux sujets une soumission aveugle et absolue aux décrets qui émanent d'autres hommes ; ce qui sied fort peu à la dignité et à la liberté d'êtres doués de raison, lesquels devraient en réalité obéir à leurs supérieurs ; mais il doit s'agir d'une obéissance rationnelle, de celle qui résulte d'une connaissance de l'équité des lois et de leur disposition à favoriser le bien commun. Je réponds à cette objection qu'il y a peu de chances qu'un gouvernement pâtisse du fait que ses lois n'auraient pas été contrôlées et

---

79. On considère souvent que ce passage introduit une restriction dans le devoir de non-résistance (« l'un des rares cas de limitation de l'obéissance active », dit A. Leroy – *George Berkeley,* Paris, P.U.F., 1959, p. 232, n. 3). En fait, cette position découle de la distinction entre précepte positif et précepte négatif qui, elle-même, approfondit la distinction traditionnelle entre obéissance active et obéissance passive. Berkeley ne dit pas que les magistrats subalternes doivent se rebeller contre les décrets iniques ; il dit seulement qu'ils doivent s'abstenir d'exécuter les ordres ; leur fonction, qui les engage en principe à une obéissance active, doit, dans le cas évoqué, les amener à une obéissance passive. Et cette perspective présente justement aux yeux de Berkeley, l'avantage d'écarter l'éventualité d'une résistance populaire.

80. Dans le manuscrit, cette Section est placée après la Section 51.

amendées par ceux qui n'ont aucun titre légal à prendre part à la direction d'affaires de cette nature. Il faut bien reconnaître que le gros de l'humanité, tant par sa condition que par ses occupations, est si peu qualifié pour porter un jugement sur ces questions, qu'il doit nécessairement témoigner d'une absolue déférence envers tel ou tel; et vers qui ira le mieux cette déférence sinon vers ceux qui sont investis du pouvoir suprême[81] ?

51. Il existe une autre objection contre la soumission absolue, que je n'aurais pas signalée si je ne l'avais rencontrée avec insistance chez des gens d'aussi grand renom que Grotius et Puffendorf[a] [82], lesquels pensent que

81. Ceci évoque l'argumentation de *Vindiciae contra tyrannos* (1579). À la question : est-il permis de résister à un prince qui commande quelque chose contre la loi de Dieu ?, l'auteur répond par une assimilation du peuple à l'ensemble des magistrats ; ces magistrats, étant les représentants du peuple, ont seuls loisir de juger de l'obéissance ou de la résistance. Quant aux individus, pour autant qu'ils n'ont pas pris part au contrat, leur droit est limité à une obéissance passive.

(a) Grotius, *De jure belli et pacis*, I, 4, vii ; Pufendorf, *De jure naturae et gentium*, VII, 8, vii (82).

82. Grotius : « La loi dont il s'agit, et par conséquent son explication, semble dépendre de la volonté de ceux qui se sont les premiers joints en un corps de société civile, puisque c'est d'eux qu'émane originairement le pouvoir des souverains. Supposé donc qu'on leur eût demandé s'ils prétendaient imposer à tous les citoyens la dure nécessité de mourir plutôt que de prendre les armes en aucune occasion pour se défendre contre les puissances, je ne sais s'ils auraient répondu oui. La présomption est au contraire qu'ils auraient déclaré qu'on ne doit pas tout souffrir, si ce n'est peut-être lorsque les choses se trouvent dans un tel état que la résistance causerait infailliblement de très grands troubles dans la société, ou tournerait à la ruine d'un grand nombre d'innocents » (*Le droit de la guerre et de la paix*, trad. Barbeyrac, Amsterdam, chez Pierre de Coup, 1724, t. 1, p. 182).

la non-résistance devrait être réglée d'après l'intention de ceux qui les premiers ont formé société. Car, disent-ils, en supposant que la question leur soit posée de savoir s'ils se proposaient de placer chaque sujet dans la nécessité de choisir la mort plutôt que de résister en tout état de cause à la cruauté de ses supérieurs, on ne peut imaginer qu'ils répondraient par l'affirmative. Cela reviendrait en effet à les plonger dans une condition pire que celle à laquelle ils s'efforçaient d'échapper en entrant en société. Car, même s'ils étaient auparavant exposés aux coups d'une multitude d'autres hommes, ils avaient néanmoins le pouvoir de leur résister. Tandis qu'à présent, ils sont contraints d'endurer sans la moindre résistance les coups les plus durs que leur portent ceux-là mêmes qu'ils ont armés de leur propre force. Situation qui est bien pire que la précédente, tout comme subir une exécution est pire que périr par le sort des

Pufendorf cite Grotius (depuis «supposé qu'on leur eût demandé» jusqu'à « grand nombre d'innocents ») et commente ainsi le texte : « En effet, l'obligation de ne résister jamais aux puissances aurait été un plus fâcheux inconvénient que ceux dont on voulait se mettre à couvert par l'établissement des sociétés civiles. Le hasard d'un combat est sans contredit un moindre mal qu'une mort inévitable. Or, dans l'état de nature, si l'on était exposé aux insultes de plusieurs, on pouvait aussi se défendre ; au lieu que, dans les sociétés civiles, les sujets se seraient engagés de cette manière à souffrir, sans la moindre résistance, toute sorte d'injustices et de mauvais traitements de la part de celui qu'ils avaient eux-mêmes armés de toutes leurs forces. D'où il paraît combien ceux-là raisonnent mal qui, de ce que le souverain ne relève que de Dieu, croient pouvoir conclure que l'intention de ceux qui ont formé les sociétés civiles, a été de ne se réserver aucune juridiction sur le souverain ; mais lorsqu'on défend sa vie contre un injuste agresseur, on n'exerce point par là envers lui un acte judiciaire » (*Le droit de la nature et des gens*, trad. Barbeyrac, Londres, Jean Nourse, nlle éd. rev. et augm., 1740, t. 3, p. 234-235).

armes. Mais (passons sur toutes les autres exceptions auxquelles peut donner lieu cette manière de raisonner), il est évident qu'il vaut mieux s'exposer aux décrets absolus et irrésistibles – même s'ils émanent d'une seule personne dont l'intérêt véritable, pour elle-même comme pour sa descendance, est de maintenir pour chacun la paix et l'abondance et d'assurer la protection contre l'agression des voisins – plutôt que de demeurer cette proie facile pour la rage et la cupidité de tout ce qui traîne sur terre de pervers et qui, ou bien vous surpasse en force, ou bien vous prend au dépourvu. La vérité de tout ceci est confirmée tant par l'expérience constante de la grande majorité des peuples que par ce que nous avons déjà fait observer à propos de l'anarchie et de l'incompatibilité de cet état avec le mode de vie que réclame la nature humaine. Il est clair à partir de là que l'objection relevée en dernier lieu est bâtie sur une supposition erronée, celle qui consiste à dire qu'en abandonnant l'état naturel d'anarchie pour l'état de non-résistance et d'obéissance absolue au gouvernement, les hommes se mettraient d'eux-mêmes dans une condition plus détestable que celle qu'ils connaissaient auparavant.

52. La dernière objection à laquelle je prêterai attention est celle qui vient dans le sillage de la doctrine initialement exposée et qui, du fait que la doctrine n'admet aucune exception, aucune limitation, stipule qu'en conséquence on est contraint de se soumettre sans la moindre opposition aux usurpateurs, et même aux fous, dès lors qu'ils détiennent l'autorité suprême. Il s'agit là d'une idée si absurde et si contraire au sens commun que l'on peut à bon droit mettre en doute le fondement sur lequel elle s'érige.

Or, afin d'éclaircir ce point, je note que l'on peut comprendre en un double sens la limitation des devoirs moraux : soit, premièrement, comme un trait distinctif appliqué aux termes d'une proposition, grâce auquel ce qui était exprimé auparavant de manière trop générale se trouve limité à une acception particulière ; et, à dire vrai, cette opération consiste moins, au sens propre, à limiter le devoir qu'à le préciser. Mais, deuxièmement, la limitation peut être comprise comme le fait de suspendre l'observation d'un devoir afin d'éviter quelque inconvénient extraordinaire, et de ce fait comme la limitation de cette observation à des circonstances déterminées. Si l'on ne considère que ce dernier sens, nous avons montré que les devoirs négatifs n'admettent aucune limitation. Cette remarque ayant déjà été faite, je formule contre l'objection la réponse suivante : nous ne sommes nullement obligés, en vertu du devoir de non-résistance, de laisser les fous ou tous ceux qui s'emparent du pouvoir suprême par ruse ou par force disposer à leur gré de nos vies et de nos biens ; car il est clair que l'objet de la soumission imposée aux sujets par la loi de nature est, par définition, limité de manière à exclure à la fois l'un et l'autre cas. Ce que je ne me mettrai pas en peine de prouver dans la mesure où la chose n'a été, je crois, niée par personne. Pas plus que le fait de fixer ces limites à l'objet de notre obéissance ne limite en quoi que ce soit le devoir lui-même, si l'on s'en tient au sens de notre objection.

53. [83] En morale, les règles éternelles d'action ont la même vérité universelle et immuable que les propositions en géométrie. Ni les unes ni les autres ne dépendent des circonstances ou des accidents, car elles sont vraies en tout temps et en tout lieu, sans limitation ni exception. « Tu ne résisteras pas au pouvoir civil suprême » est une règle non moins constante et non moins invariable pour modeler la conduite d'un sujet envers le gouvernement, que ne l'est « multiplie la hauteur par la moitié de la base » pour mesurer la surface d'un triangle. Et de même qu'on n'a pas à estimer que cette règle mathématique perd de son universalité parce qu'elle n'a pas permis de mesurer avec exactitude un champ qui n'était pas un triangle parfait, de même on n'a pas à considérer comme un argument contraire à l'universalité de la règle qui prescrit l'obéissance passive le fait qu'elle n'est pas mise en pratique toutes les fois qu'un gouvernement est renversé ou qu'on lutte pour le pouvoir suprême. Il faut qu'il y ait un triangle et vous devez vous servir de vos sens pour le connaître, avant qu'il y ait lieu d'appliquer votre règle mathématique. Et il faut qu'il y ait un gouvernement civil, et vous devez savoir en quelles mains il est déposé, avant qu'intervienne le précepte moral. Mais, dès qu'on a constaté l'existence du pouvoir suprême, nous n'avons pas plus à douter de la soumission

---

83. Section ajoutée dans la 3ᵉ édition (1713).

que nous lui devons que nous ne douterions de la manière de mesurer une figure que nous savons être un triangle [84].

54. Au cours des divers changements et des diverses fluctuations de gouvernement, il est impossible d'empêcher que surgissent à certains moments des controverses sur le siège du pouvoir suprême ; et lorsque cela arrive, on ne peut refuser aux sujets la liberté de juger par eux-mêmes, de prendre parti pour les uns, de s'opposer aux autres, autant qu'ils puissent en juger ; et tout ceci est compatible avec une exacte observation de leur devoir tant que – lorsque la constitution est claire sur ce point et l'objet de leur soumission indiscutable – n'intervient aucun prétexte d'intérêt, d'amitié, de bien commun, pour les en écarter. Bref, reconnaissons que le précepte qui impose la non-résistance est limité à des objets particuliers, mais pas à des circonstances particulières. Et, en ceci, il est pareil à tous les autres devoirs moraux négatifs, qui, en tant qu'on les considère comme des propositions générales, admettent des limitations et des restrictions dès qu'il s'agit de définir précisément le devoir ; mais ce qu'on a une fois reconnu comme étant un devoir de cette nature ne peut jamais devenir autre sous la pression d'un effet, d'une circonstance, d'un événement quelconque, qu'ils soient

84. On pourrait se demander pourquoi Berkeley a éprouvé le besoin d'ajouter cette Section à la 3e édition de sa brochure, alors qu'elle ne figurait pas dans le manuscrit (tout comme le premier paragraphe de la Section 32 avec lequel cette Section fait corps). La raison la plus simple est que Berkeley attachait un certain prix à cette interpolation. Pourquoi ? Sans doute parce qu'il s'agissait pour lui d'étayer de la façon la moins discutable une thèse qui

bénéfiques ou maléfiques. Et, à dire vrai, s'il n'en allait pas ainsi, s'il n'existait pas de règles générales inflexibles, et que l'on pût se passer de tous les devoirs négatifs comme de tous les devoirs positifs, ou qu'on les déformât jusqu'à les mettre au service de circonstances et d'intérêts particuliers, c'en serait fini de toute morale.

55. De même qu'on ne doit pas limiter l'observation de toute autre loi morale négative aux seuls cas où elle peut produire des effets bénéfiques, il est bien évident qu'on ne doit pas limiter l'observation de la non-résistance de manière à pouvoir la transgresser légitimement chaque fois qu'on le jugera nécessaire pour le bien commun de sa

pouvait, au demeurant, passer pour assez conventionnelle, quels que soient les accommodements qu'elle ait connus par ailleurs. On a parfois considéré que *l'Obéissance Passive* constituait une réponse au *Deuxième Traité* de Locke, un retour à des positions plus orthodoxes. Une telle appréciation est à la fois vraie et fausse. Elle est fausse dans la mesure où – ainsi que nous l'avons précisé dans la Présentation – Berkeley n'est pas moins légaliste que Locke; il l'est seulement d'une autre manière, conforme d'ailleurs à *l'aggiornamento* de l'église anglicane confrontée à la nouvelle Constitution issue de la Glorieuse Révolution. Simplement, l'entreprise berkeleyenne, à la différence de celle de Locke, n'est, sur ce chapitre, nullement apologétique; les querelles politico-religieuses entre Whigs et Tories ne font que rebondir sur le plan philosophique : l'affrontement porte moins sur l'événement lui-même que sur la perception de l'événement. Toutefois, l'appréciation n'est pas complètement dépourvue de finesse, car Berkeley dialogue bien avec Locke (en l'occurrence le Locke de l'*Essai* pour ce qui concerne les problèmes de méthode), et tous ses efforts tendent à installer le dialogue sur le même terrain : celui de la démonstration « par les déductions infaillibles de la raison » (comme le signale la Section 12). On rencontre effectivement chez Locke le projet d'une morale démonstrative comparable en rigueur au

patrie. Et c'est par rapport à cette limitation par les effets que je parle de la non-résistance comme d'un devoir absolu, inconditionnel, sans limite. Ce qu'il faut inévitablement accorder, à moins de pouvoir prouver l'une des trois choses suivantes : ou bien, premièrement, que la non-résistance n'est pas un devoir moral ; ou bien, deuxièmement, que les autres devoirs moraux négatifs sont limités par leurs effets ; ou bien, enfin, qu'il y a quelque chose de particulier dans la nature de la non-résistance, qui la soumet nécessairement à une limitation qu'on ne saurait accepter pour aucun autre devoir moral négatif. Si je ne me trompe, on a clairement établi le contraire pour chacun de ces trois points.

---

système de la démonstration mathématique (cf. *Essai*, III, 11, 16 ; IV, 3, 18, 20 ; IV, 4, 7 ; IV, 12, 8 ; et *lettre à Molyneux* du 20 sept. 1692 : « j'ai estimé que l'on pouvait établir la morale par la voie démonstrative, mais que je sois capable de le faire est une autre question »). On sait que Locke abandonna l'entreprise, la jugeant finalement inutile en regard du suffisant corps de morale fourni par l'Evangile (cf. lettre à Molyneux du 30 mars 1696, in Fox-Bourne, *The Life of John Locke*, Londres, 1876, t. I, p. 380). Berkeley n'est nullement insensible à ce projet de morale démonstrative ; il en fait état dans le *Commonplace Book*, aux n° 240, 775 *(Phil. Com.,* n° 239, 755), mais surtout au n° 716 (697) où l'entreprise s'inscrit directement dans le sillage de Locke : « penser à une méthode qui aurait le même rôle en morale que celle-là (la méthode de Locke en algèbre) en mathématiques ». Il importe toutefois d'en fixer les limites, car, simultanément, Berkeley se livre à une critique de la théorie lockienne des « idées intermédiaires » (cf. *Essai*, IV, 2, 2-5) au nom de la seule présence des idées sensibles particulières fonctionnant à la manière de signes (cf. n° 717/698, 748/729, 749/730) et il en déduit l'impérieuse nécessité de ne s'attacher qu'aux mots, à l'institution arbitraire des signes par rapport à quoi l'algèbre joue le rôle de révélateur dans la mesure où la

56. J'ai donc brièvement passé en revue les objections tirées des conséquences de la non-résistance, ce qui constituait la dernière question générale que je me proposais de traiter. Pour cette question comme pour les autres points, je me suis efforcé d'être aussi complet et aussi clair que le permet l'étendue ordinaire de ce genre de

définition des signes y est plus évidemment maîtrisée et susceptible d'un *consensus* (cf. n° 750/731, 752/732). Locke aurait donc eu tort de penser que le support de la démonstration était l'idée : convenance ou disconvenance jouent sur des mots (cf. n° 610/595, 754/734, 759/739). Cette première précaution étant prise, Berkeley s'engage dans deux directions : 1. il laisse la porte ouverte à l'établissement d'une sorte de dictionnaire des termes moraux qui permettrait d'examiner «les implications des mots les uns dans dans les autres» (n° 709/690 ; voir un exemple au n° 724/705 ; cf. également *Alciphron*, VII, 11), tout en signalant une difficulté inhérente à l'entreprise : la familiarité que nous entretenons avec les termes moraux véhicule des opinions préétablies, des préjugés, bref des «connotations» qui sont absentes du langage mathématique ; en conséquence, «la voie sèche, maigre, rigide ne suffira pas. Il faut être plus étendu et plus abondant, sinon la démonstration, aussi exacte qu'elle soit, ne sera pas acceptée de la plupart des hommes» (n° 158/163 ; cf. aussi n° 157/162). Certes, le sentier est escarpé, mais il n'est pas impraticable, comme le montre l'exemple donné au n° 599/584 à propos de la théologie naturelle. Mais, 2. le projet se heurte au fait qu'une démonstration porte sur des idées et non sur des actions ; or, l'idée est passive et nous n'avons pas d'idée de quoi que ce soit d'actif (cf. n° 776/756) ; nous n'avons donc pas d'idée des actions morales (n° 701/683) et la démonstration en matière morale devient dès lors problématique (n° 686/669). L'idéal serait donc de raisonner directement sur les choses (cf. n° 712/693) ; mais, en réalité, on ne peut le faire que sur des signes (cf. n° 822/804) ; il faudra donc s'attacher aux idées sensibles, utiliser le mot comme visée de la chose et non comme expression d'une quelconque idée abstraite (cf. n° 553/539 et les commentaires de M. Gueroult, *Berkeley, Quatre études sur la perception et sur Dieu*, Paris, Aubier, 1956, p. 124 *sq.*). Le sensible, comme point de départ irréductible, invite à la mise en évidence d'un universel concret qui, du coup, pourra avoir partie liée avec une certaine forme de pragmatisme (cf. *Principles*, Introd., sect. 15, où est repris et précisé l'exemple du triangle).

discours; je me suis également efforcé d'envisager la discussion tout au long avec la même neutralité que celle dont j'aurais fait montre dans tout autre domaine de culture générale, convaincu que je suis qu'on ne saurait en vérité imposer aux êtres humains en tant que chrétiens la pratique d'un devoir moral tant qu'il n'a pas subi la très sévère épreuve de la raison.

INDEX

TABLE DES MATIÈRES

ACHEVÉ D'IMPRIMER
EN JANVIER 2002
PAR L'IMPRIMERIE
DE LA MANUTENTION
A MAYENNE
N° 16-02

Dépôt légal : 1er trimestre 2002